弗洛伊德
爱情心理学文选

[奥] 西格蒙德·弗洛伊德 著

卢 毅 译

SIGMUND
FREUD

Zur Psychologie der Liebe

华东师范大学出版社

华东师范大学出版社六点分社 策划

目　录

译序 / i

神经症患者的家庭浪漫传奇(1909) / 1

爱情生活心理学献文

之一：论男性对象选择的一种特殊类型(1910) / 10

之二：论爱情生活最普遍的降格(1912) / 26

之三：处女身份的禁忌(1918) / 46

自恋引论(1914) / 74

索引 / 119

译　序

翻译"精神分析之父"西格蒙德·弗洛伊德这部文选的缘起，还要追溯到笔者 2016 年夏天参加四川大学与巴黎八大（Vincennes-Saint-Denis）联合举办的中法精神分析大会前后，在成都组织的一期关于弗洛伊德爱情心理学的研讨班。当时因备课之故，笔者重读了弗洛伊德相关的德语文本，越发觉得拉康所言在理。弗洛伊德一生著述颇丰，在有生之年还曾荣获歌德文学奖，其行文本来一气呵成、条理清晰。反观国内现有的一些译本，却往往佶屈聱牙，有的甚至内容颠倒、逻辑混乱。除了译者语言能力的问题之外，这一方面是由于绝大部分译者从英译本转译的缘故，因此多少会受到英译本的误导。① 另一方面，则是由于许多译者并非专业从事精神分析或心理学的人士，对于弗洛伊德相关的思想学说或问题语境了解不深、把握尚浅，对于某一段文句所要表达的内容又疏于推敲、妄加揣测，往往只有一知半解便匆匆下笔，遂成就了些不伦不类的急就章。

众所周知，弗洛伊德的精神分析学说对于 20 世纪西方整个思想与文化领域影响甚巨，他本人也完全堪称 20 世纪西方最重要且最有影响力的思想家之一。我国学界尽管从清末民初便由王国维先生等人引介了弗洛伊德的思想，并且在新中国成立之后又陆续由高觉敷、孙名之等老一辈学者从英译本转译出了《精神分析引论》、《释梦》等弗洛伊德最重要的代表作，然而时至今日，却依然没有一套从德语直译的"弗洛伊德著作集"——遑论"全

---

① 英语学界长期以来最通行的 *The Standard Edition of the Complete Psychological Works of Sigmund Freud*，即"西格蒙德·弗洛伊德心理学著作全集标准版"（简称"标准版"），虽然总体翻译质量尚可，但在不少地方依然有明显的误译以及值得商榷之处，尤其是对于一些关键术语的翻译（如将 Trieb 一律译为 instinct，将 Vorstellung 一般译为 idea 等），长期以来更是饱受争议甚至诟病。

集"——问世,这不得不说是国内学界的一大憾事。

然而细细想来,这样一套著作集迟迟未能问世,其中亦有道理可循。坦白说来,尽管弗洛伊德的大名在国内的思想界和文化界早已如雷贯耳,但他实际上所受到的学术待遇却和哥白尼与达尔文等伟大人物一样有着难言的尴尬:绝大部分知识分子对其思想学说都略知一二,但也大都浅尝辄止,鲜有一丝不苟、字斟句酌的研究者。如此一来,弗洛伊德在国人眼中更多就成了一位享有高度曝光率的"学术名人",而非一位严谨治学的思想家。正因为如此,尽管他的主要著作如今都已经有了中译本,有的著作甚至还有好几个译本,但它们在很大程度上都是被人们当作大众通俗读物而非专业学术著作来阅读的。平心而论,面对从英文转译而来的各种中译本如今在国内层出不穷、遍地开花的景象,鲜有译者愿意再"锦上添花",很难为了再增添一个不见得更好的译本而专门花费时间精力去修习德语。

尽管弗洛伊德向来都是以一位科学工作者以及文化研究者的立场来严肃探讨他所处理的每一个问题的,但他的著作既有别于其维也纳大学校友胡塞尔一板一眼的哲学写作，也不同于其在法国的后继者拉康艰深晦涩的诡谲行文，而是大都文笔明快、深入浅出，因此即便对于非专业人士也具有较高的可读性。这的确是一个不争的事实，同时也是其思想学说得以像瘟疫一般快速蔓延乃至席卷全球的一个原因①。然而，在学术研究高度专业化、精细化的当今国内学界，这种雅俗共赏的特性反倒成了弗洛伊德学说的一个软肋和缺陷，并且在一定程度上造成了弗洛伊德乃至整个精神分析在当前国内学界异常尴尬的地位。

　　具体而言，由于弗洛伊德所创立的精神分析一般都被归入心理学，而如今国内心理学领域的实证化和量化研究倾向不仅占据主流，而且有增无减，这就使得经常被指责为缺乏实证依据便信口开河的弗洛伊德，如今在国内大部分高校心理系的教学与科研领域即便不是人人喊打的过街老鼠，也已经成了可有可无的边缘人物。更令

---

　　① 弗洛伊德在 1909 年曾受克拉克大学时任校长格兰维尔·斯坦利·霍尔(Granville Stanley Hall)之邀，前往位于美国马萨诸塞州的该校参加国际心理学大会并做演讲。据说当轮船临近靠岸之时，弗洛伊德不无幽默地对当时同行的荣格说："他们不知道我们将给他们带来一场瘟疫"。

人啼笑皆非的是,一方面被讲究实证的心理学界斥为"玄学"的弗洛伊德学说,另一方面却又给喜好立论高深的哲学界留下了过于肤浅的刻板印象,因此大部分哲学领域的学者都不愿意也不屑于对弗洛伊德进行认真的研究甚至严肃的阅读。可以说,正是以上种种原因叠加起来所产生的"某种"化学效应,最终导致了弗洛伊德在当前国内思想文化界所享有的知名度与其在国内学界实际所处的学术地位之间高度失衡的窘境。

为了改变这一尴尬现状,笔者几年前便开始酝酿从德语原著出发,同时参考较为权威的法语和英语译本,对弗洛伊德的著作进行较为系统的重译工作,以期尽可能还原弗洛伊德学说的原貌。在构思这一计划的过程中,笔者受到了法语学界翻译出版弗洛伊德著作经验的启发,也打算按照不同主题对弗洛伊德的相关著述进行分类编排,以便更好地体现弗洛伊德在某一主题上思路的连贯性及其立场观点逐渐演变的过程,也便于人们将来围绕弗洛伊德学说的某一主题进行更深入到位的专题性研究。

本书所选录的几篇文章,都是弗洛伊德围绕两性爱情心理以及性心理所展开的研究，其中又以他关于爱情心理学的三篇献文为该领域研究的代表作。为了深入了解弗洛伊德写作这三篇文章的动机和目的，有必要对他关于人类性心理的思考过程进行一番简要的回顾。

在1905年《关于性欲理论的三篇论文》（以下简称《三论》）第一版出版之后，弗洛伊德关于人类性心理的整个思想框架已经基本成型。这套思想的核心，便是与"无意识学说"密切相关并且共同构成其两大理论台柱的"幼儿性欲理论"。弗洛伊德最初提出这套幼儿性欲理论，主要是为了系统地解释各种性倒错（包括同性恋、施虐狂/受虐狂等）与神经症（包括癔症、强迫症等）的形成原因以及形成机制。在《三论》初版之后，弗洛伊德认为这一目的已经初步达成，于是开始着手进行第二步工作，也就是以《三论》当中题为"幼儿性欲"的第二篇论文为基础，继续尝试将这套理论的适用范围从病态人群推广到正常人群，继续尝试用这同一套幼儿性欲理论来解释正常人的性心理乃至其整个心理人格的发展过程。为此，在《三论》初版之后接下来的几年时间里，弗洛伊德首先在其幼儿性欲理论的视角下对正常儿童的性心理展开了进一步的探究,发表了《论儿童性启蒙》(1907)这封公开信以及《论幼儿性理论》(1908)这篇专题论文;与此同时,他也对性欲发展与性格(人格)形成之间的关系进行了尝试性的探讨,例如《性格与肛门爱欲》(1908)这篇短小精悍的论文便是这方面研究的一项重要成果。在此期间,弗洛伊德也逐渐开始对各项局部的、专题性的研究进行评估和总结,试图对当时西方文明社会中男女两性的性欲与性格特征进行初步的归纳,由此写下了《"文明的"性道德与现代人的神经质》(1908)一文,他在文中对西方当时已盛行了几百年的"清教徒式"性道德是如何促成现代人普遍的神经质倾向这一点进行了较为深入的分析。不过,弗洛伊德并没有就此满足于对现代西方人在性欲和人格方面的特征进行这种高屋建瓴式的总体把握,而是打算从《三论》探讨青春期转型的第三篇论文(尤其是其中涉及"男女差异"以及"寻找对象"的最后两个部分)出发,继续深入到两性爱情生活与性生活的具体领域,以便进一步增强他的这一整套性欲理论的解释力与说服力。正是在这样一种语境和背景下,弗洛伊德先后写下了《论男性对象选择的一种特殊类型》(1910)、《论爱情生活最普遍的降格》(1912)以及《处女身份的禁忌》(1918)这三篇融合理论分析与临床探讨、兼具学术性与趣味性的重要论文。

《论男性对象选择的一种特殊类型》首先描绘了精神分析师不时会遇到的这样一类男性,他们在选择其爱恋对象的条件方面所表现出来特征乍看起来非常奇特,甚至匪夷所思。弗洛伊德将这些特征概括为以下四点:受伤的第三方,妓女之恋,忠于同一类对象,意图拯救被爱者。在分别对这四点特征进行了大致的描述之后,弗洛伊德直截了当地指出:尽管单独从这些特征出发很难想象它们会拥有共同的起源,不过精神分析的经验却表明,它们实际上都是男孩"俄狄浦斯情结"——该术语也正是在这篇文章中首次正式登场亮相——的产物,或者更确切地说,它们都是男孩在无意识层面过度依赖和固着于母亲的结果。接下来,弗洛伊德就从这一立论出发,对上述四种特征逐一进行了解说。

其一,在俄狄浦斯期男孩的幻想中,和母亲在一起的应该是男孩自己,而父亲正是受伤的第三方。由于其俄狄浦斯情结消解得不够彻底,这类男性于是就将幻想中的这一特征(受伤的第三方)作为其选择对象的条件之一保留了下来,因此体现出了一定程度的病态色彩。其二,堕落的妓女与圣洁的母亲,这两个形象尽管在男性的意识层面天差地别,但她们在其无意识层面实则同出一源。在经过了性启蒙的男孩眼中,母亲不纯洁的、"卖身"给另一个男人(父亲)的那一面实则与妓女无异,但由于男孩在意识层面无法接受这一点,母亲的形象便因此一分为二,分裂成了纯粹圣洁的母亲和彻底堕落的妓女两个极端。与此相应,男孩起初对于母亲的依恋,也就随之分化为对于类似母亲之人的温情之爱以及对于类似妓女之人的肉欲之爱。在这两股潮流缺乏整合的情况下,当事人只会对水性杨花、声名狼藉的女人产生激情,这就是所谓的"妓女之恋"。其三,由于在无意识层面对母亲产生了过度的依恋和固着,因此这类男性在对象选择方面很难摆脱母亲的阴影。他在选择对象时似乎表现出了某种强迫式的重复,始终以母亲作为爱恋对象的"原型"和标准,因此这些对象彼此之间具有高度的相似性,甚至可被视为构成了一个近乎重复的序列。其四,由于拯救一个人是报答他的最好方式,因此当男孩得知父母对他有生育之恩后,他往往会在幻想中让父母身处险境,好让自己以英雄般的方式拯救他们，从而报答他们——弗洛伊德表示，这种进行报答的意图与幻想，有时候甚至可能含有和母亲生一个孩子的乱伦意味。这类男性同样也将这部分幻想场景带入到了其成年的爱情生活中，通过将对方描绘成处境危险的（例如在道德上容易堕落的），从而突显了扮演拯救者的自己所具有的重要价值。

《论爱情生活最普遍的降格》这篇论文，其标题中"最普遍的"这一修饰语恰好与前文标题中的"特殊"一词形成了鲜明对照。不过，它所探讨的内容实际上却是紧接着上一篇文章的论题与思路而来。甚至可以说，弗洛伊德写作此文的一个重要目的，便是为了从上一篇文章关于男性对象选择的一种特殊类型的分析，过渡到关于男性对象选择的一种普遍倾向的探讨。在他看来，上述特殊类型只不过是某种普遍倾向的典型化或极端化体现。文章的标题"爱情生活最普遍的降格"这一表述其实可以做多种解读。Die allgemeinste Erniedrigung des Liebeslebens，除了可以像弗洛伊德本人所明确表示的那样，被理解为男性在性对象的选择方面普遍呈现的"堕落（Erniedrigung)的"肉欲化倾向，也可以被解读为男性在面对温情对象时普遍存在的"屈辱"（Erniedrigung）的心理性无能倾向。最终还可以综合上述两种理解，认为"爱情生活最普遍的降格"，根本上就在于肉欲和温情这两股潮流在爱情生活中最普遍的分离倾向。弗洛伊德表示，正是由于肉欲和温情这两股潮流在男性爱情生活中的这种分离，导致许多男性在爱的时候就不欲望，在欲望的时候就不爱。这样一来，也就导致男性在面对以母亲纯洁的形象为"原型"的温情对象时，普遍会出现心理性无能的状况，并且女方越是身份高贵、纯洁无瑕，男方就越难以一展雄风；而在面对以妓女堕落的形象为"原型"的肉欲对象时，又普遍会表现出对于对方人格上的贬低和侮辱，并且女方的人格越是遭到贬低、其地位越是接近于妓女，男方就越能够展现出强大的性能力。

除此之外，弗洛伊德还在本文中对女性的心理性冷淡问题进行了剖析。他认为女性的心理性冷淡与男性的心理性无能尽管并不完全对称，但二者之间依然存在某种可比性。维多利亚时代的女性由于在成长过程中长期受制于性方面的禁忌，因此在其无意识层面，性欲与禁忌之间反倒经常会形成一种紧密而微妙的依存关系。这种依存关系具体就表现为：往往只有在禁忌出现的地方，长期习惯于受其压制的性欲才会出现。如此一来，结婚之后的女性尽管已被允许进行合法的性行为，但她们在这种合法的性关系中往往态度冷淡，提不起"性趣"，却反倒能够在秘密的地下情或非法的婚外恋中重新找回对爱的渴望与激情。

在文章的最后一部分，弗洛伊德指出：男性在性对象方面的降格以及女性在性生活方面的禁忌，二者其实都是文明教化所要求的大大延长性成熟与性活动之间间距的结果，同时它们也在一定程度上分别扮演了克服男性心理性无能与女性心理性冷淡的补救措施，尽管根本上也正是这种倡导节欲的文明导致了这两类心理病症。不过值得深思的是，弗洛伊德却没有因此而像他的门徒威廉·赖希（Wilhelm Reich）后来所做的那样主张性革命与性开放，也并没有因此而否定文明教化与道德约束的合理性乃至必要性，而是辩证地指出：正是禁忌与压抑的存在，才使得人类不再只是容易满足也容易空虚的动物，而是造就了爱情令人心驰神往的魅力，并且为人类文明积蓄了创造与升华的能量以及发展与前进的动力。弗洛伊德最后表示:尽管压抑必然会以文明人罹患各种心理疾病的风险为代价,但精神分析作为一种科学研究,它的非偏向性要求它仅限于揭示其中的关系与机制,至于衡量其中的利弊得失,则并非精神分析的任务所在。

《处女身份的禁忌》一开篇,弗洛伊德便首先呈现了一组对比鲜明的现象:在西方当时高度父权制的社会语境下,由于妻子在很大程度上被视为丈夫的"私有财产",因此女性的处女身份理所当然就成了男性择偶的一项重要指标;而在许多原始部落中,女性的处女身份却恰恰是其未来丈夫的禁忌,必须由未婚夫之外的其他人来对她施行实质性的或象征性的破处仪式。在弗洛伊德看来,在原始民族当中广泛存在的这一现象并不构成原始人不重视处女身份的证据,而是恰恰表明他们也有某种"处女情结",只不过这种"处女情结"与西方所谓文明社会的"处女情结"侧重点不同:如果说后者是从父权制与私有制的立场出发,认为妻子将其处女之身保留给丈夫将有助于她对丈夫形成高度的依恋与忠诚,那么后者则是出于保护未来的丈夫以及夫妻关系的考虑,认为未婚夫应该回避对未婚妻实行破处之举。

于是人们不禁要问:破处行为到底会产生怎样的危险或恐慌,以至于未婚夫只有通过回避才能得到保护?为了回答这个问题,弗洛伊德首先列举了当时比较有代表性的三种解释,分别是原始人对于血的禁忌、对于新生事物的恐惧以及对于女性的普遍恐惧,但他认为这三种解释都没有切中问题的要害。其一,原始人对于血的禁忌并不是全面性的,在我们看来非常残忍的种种割礼同样要见血,但却依然风行,因此"血禁忌"并不构成处女身份禁忌的充分条件。其二,由于原始人对于一切新生事物都存在普遍的焦虑,因此初次性交在原则上也必然会引发焦虑,但这种焦虑感何以必然强大到令人难以承受的地步,以至于不得不找其他人代以行使丈夫的职权,这里却没有给出明确的交代。其三,原始社会中的男性的确可能会出于种种原因(例如认为女性会消耗其精力,甚至会出于两性之间的差异性将女性妖魔化)而对女性怀有某种普遍的敌意,但即便存在这种普遍的敌意,却也还是不足以解释这种专门针对处女身份的特殊禁忌。

弗洛伊德进而表示,这种处女身份的禁忌背后必然存在更深层的心理因素。精神分析的经验表明,这个因素就是以"阴茎嫉妒"为核心的女性俄狄浦斯情结或双亲情结(荣格则称之为"厄勒克特拉情结")。如果说弗洛伊德为"爱情心理学"这一主题贡献的前两篇论文主要是以男性的俄狄浦斯情结来解释男性的爱情心理与性心理的话,那么他写下这第三篇文章的一个主要目的,则是试图用女性的俄狄浦斯情结来说明女性的性爱心理及其可能产生的后果。在他看来,破除处女身份这一举动的真正危险,并不在于初次性交通常会让女性在生理上感受到剧烈的疼痛,也不在于性爱美好憧憬的破灭会给女性在心理上造成巨大的落差,而是在于男性阴茎的插入会激发或唤起女性早年出于"阴茎嫉妒"而对男性怀有的强烈抗议和深深敌意。这种敌意性及其转化而成的攻击性可能表现得如此强烈而持久,以至于她今后都难以与夺走其处女之身的那个人和平共处,更谈不上美满"性福"。弗洛伊德随后又援引大量日常生活与文学作品中的事例,以表明女性的这种"破处之恨"可能表现出多么大的杀伤力,从而试图说明原始人为了保障家庭和谐而将处女身份确立为一项禁忌的合理性。

　　本书所选录的另外两篇文章,同样也与两性爱情心理密切相关。《神经症患者的家庭浪漫传奇》(1909)探讨的是神经症患者在童年时期广泛存在的一类幻想活动。由于这类幻想主要是围绕着孩子与家庭成员(主要是父母)之间的关系展开的，符合俄狄浦斯情结的基本架构，并且富有浪漫的传奇色彩，因此弗洛伊德称之为"神经症患者的家庭浪漫传奇"。这类往往是有意识的幻想活动一般发轫于童年早期，并且在青春期之前达到顶峰，随后便淡出意识领域。然而，正如弗洛伊德在上述三篇文章中所揭示的那样：尽管它们很可能从此在意识领域销声匿迹，但实际上并没有彻底消失，而是继续在无意识层面发挥着重要作用。这种作用完全有可能是致病性的，完全有可能导致当事人变成一位在未来的爱情生活与性生活中表现异常的神经症患者，因此对这类幻想进行分析与研究将有助于了解相关神经症的病理过程与形成机制。

在《自恋引论》(1914)当中，弗洛伊德同样对两性的爱情心理与性心理进行了探讨。相关内容的篇幅尽管不算多，却相当有分量。弗洛伊德在这篇文章中首次正式引入了精神分析意义上的"自恋"概念——尽管它在弗洛伊德文本中的出现还可以再往前追溯到《列奥纳多·达·芬奇的童年回忆》(1910)——将其界定为力比多或性冲动对于自我的投注,并且进一步区分了力比多处于自我当中的原始状态,即"原初自恋",以及力比多在被投注到外界对象上之后被重新收回自我的状态,即"继发自恋"。弗洛伊德进而表示,人类性爱对象的"原型"有两个:其一是作为力比多原始投注对象的自我(自身),其二是性满足最初所依托的外部对象,即婴儿的喂养者(通常为母亲)。如此一来,人的对象选择也就相应分为两大类型:其一是以自己本人(所是/曾是/想是的样子或自身曾经的一部分)为原型的"自恋型",其二是以喂养者(母亲)[弗洛伊德后来又加上了保护者(父亲)]为原型的"依恋型"。弗洛伊德继而指出:大部分男性的对象选择属于依恋型,亦即以母亲作为对象的理想形象(这点在之前探讨男性对象选择的特殊类型以及普遍倾向时已经做了较为细致的分析);大部分女性则属于自恋型,她们真正爱的其实是自己,因此她们更喜欢被爱而不是主动去爱,同时她们身上所表现出来的这种自恋对于许多男性非常具有魅力,这是因为这些男性在她们身上看到了自己儿时曾经拥有却不得不舍弃的自恋。不过,弗洛伊德随即也补充道:同样有一些自恋的女性也可以有对象,其中的情况既包括母亲以曾经是其自身一部分的孩子作为她爱的对象,也包括曾经的"假小子"通过找一个男性对象来替代性地满足自己无法实现的梦想。

弗洛伊德在《自恋引论》中对两性心理所展开的上述这些极具洞见、发人深思的剖析,使得这篇文章完全有资格跻身其爱情心理学研究优秀作品的行列。不过有必要指出的是,弗洛伊德写作这篇文章的用意却不止于此。正如他本人在文中所坦陈的那样,他写作本文的直接动因,乃是在此前几年(1911)对施瑞博(Schreber)庭长这位妄想狂的自传进行分析和研究的过程中,发现其主要建立在转移神经症研究基础上的力比多理论,在解释这类非转移性的神经症方面遇到了困难,并由此遭到了荣格的挑战和歪曲。因此,弗洛伊德写作本文的主要目的,就是为了澄清他本人的立场与观点,通过正式引入"自恋"概念,并且对"原初自恋"与"继发自恋"、"自我力比多"与"对象力比多"等概念进行明确区分,由此进一步深化和完善其力比多理论,使其能够更加合理地解释妄想狂、妄想痴呆等精神疾病的发病机制与病理进程。在这个意义上,《自恋引论》堪称弗洛伊德在心理病理学研究方面具有里程碑意义的一篇重要作品。不仅如此，由于弗洛伊德在深化其力比多学说的过程中，已经开始对性冲动及其可能经历的命运(压抑、升华、理想化等)展开颇具启发性的探讨，并且也已经开始对自我的结构与功能进行较为深入的分析，因此《自恋引论》同时还是弗洛伊德接下来一段时期包括《冲动以及冲动的命运》(1915)在内的一系列元心理学研究的先声，以及他在 20 年代正式提出的"第二区位论"①(它②—自我—超我)的引论——正如拉

---

① 通常译为"第二地形学"，但这一译法乃是据英译 second topography 而来，与德文 zweite Topik 着实存在一定的距离。Topik 源于希腊语中的 τόπος，后者的本义是"位置"、"场所"、"地方"、"区域"，与之相应的形容词是 τοπικός，本义是"与位置(场所、地方、区域)有关的"，后来又衍生出了语序学、主题、论题、范畴论等义，而这些义项后来都为德语词 Topik 所继承。正如弗洛伊德早年的 erste Topik("第一区位论")探讨的是无意识、前意识与意识三者在人的精神结构中的区域位置关系，他晚年提出的 zweite Topik 描绘的也是"它"(见下注)、自我与超我三者之间具体的区位关系，但他却并未明确表示这种区位关系乃是以地形学结构为模型的。因此，若将 Topik 译为"范畴论"便失之笼统、过于抽象，若按照英将其理解为"地形学"则又有添油加醋、过度诠释之嫌，故笔者最终认为译作"区位论"最为贴切。

② 通常译为"本我"，但由于"本我"这一译法似乎暗示其与"本能"有关，而其实际上涉及到的却是与本能大为不同的"冲动"，故在此不取"本我"这一常见译法，而改按德文 das Es 的字面义，权且直译作"它"，以体现其相对于作为一个人性主体的"(自)我"的异己性与"非人性"。

康后来准确指出的那样。

在本书的编排、校订与出版的整个过程中,编辑哲泓兄付出了非常多的心血,华东师大出版社六点分社的社长倪为国先生也给了我莫大的支持与鼓励,让我深受感动。我在此向他们表示最诚挚的感谢!

本书是笔者第一部正式出版的译作,虽然笔者在整个翻译与校对的过程中一直兢兢业业、不敢怠慢,但疏漏之处仍在所难免。希望各位方家与读者诸君不吝赐教,以期将来能有更多好的弗洛伊德著作译本与大家见面。

卢　毅

二〇一七丁酉年春

于申城何陋居

神经症患者的家庭浪漫传奇(1909)[①]

[227]成长中的个体摆脱父母的权威,这是发展过程中最为必要也最为困难的一项任务。执行这项任务完全有其必要性,并且人们可以设想,每个健康成长的人都在一定程度上完成了这项任务。的确,社会的进步毕竟有赖于两代人之间的这种对立性。另一方面,存在这样一类神经症患者,人们发觉他们在这项任务上的失败对于

---

① 译注:原文标题 Der Familienroman der Neurotiker. 译自 Sigmund Freud. *Gesammelte Werke* (*G. W.*) Band VII. London: Imago, 1941.(西格蒙德·弗洛伊德,《全集》第七卷,伦敦:伊玛格,1941)。正文方括号内数字为原书页码,下同。

其处境形成了制约。

对于小孩子而言,父母起初是唯一的权威和一切信仰的源头。变得和双亲中同性的那一方一样,变得和父亲和母亲一样强大,是童年这段时期最强烈、最具有影响力的愿望。不过,随着智力的不断发展,孩子不可能不逐渐认识到父母所属的范畴。他认识了别人的父母,把他们和自己的父母做比较,并因此[228]有权质疑自己父母的无可比拟和独一无二。在孩子的生活中引发不满心态的小事给了他批评父母的机会,并且让他把别人的父母在很多方面都更可取这一既有认识,用于向其父母进行这种表态。我们从神经症心理学得知,在性方面最强烈的敌对性[心理]活动和其他[心理]活动在此共同发挥着作用。这些动机的主题显然是受到冷落的感觉。只不过,让孩子受到冷落或者至少让他感觉自己受到冷落的场合太多了,这时他会怀念父母完满的爱,尤其会对必须和其他兄弟姐妹分享这份爱感到遗憾。他个人的喜好未能得到足够的回应,这一点于是就在下面这种想法中找到了出气口,而这种想法从童年早期开始就经常会被有意识地回忆起来,即他是一位继子或一位养子。许多后来没有患上神经症的人经常回想起他们——大多受到阅读的影响——通过这种方式来理解并回应父母表现出敌意的场合。不过这里已经显示出了性别[所产生]的影响，男孩更多表现出对他父亲而非母亲的敌对行为，并且相比于想要摆脱母亲而获得自由的倾向，他所表现出的想要摆脱父亲而获得自由的倾向要强烈得多。女孩在这方面的幻想活动（Phantasie-tätigkeit）可能表现得要弱得多。在这些被有意识地回想起来的童年期心理活动中，我们找到了让我们能够理解神话的因素。

接下来，很少被有意识地回想起来却又几乎总是被精神分析事后证实的，便是这种已经开始了的疏远父母的后续发展阶段，人们可将其命名为"神经症患者的家庭浪漫传奇"。[229]下面这种完全特殊的幻想活动一定属于神经症的本质[特征]，不过也属于一种较高天赋（Begabung）的本质[特征]：这种幻想活动最早出现在童年时期的游戏中，而现在大约开始于前青春期（Vorpubertät），并且延续了家庭关系这一主题。这种特殊幻想活动的一个典型例子就是广为人知的做白日梦

(Tagträumen)①，它在青春期之后依然大大延续了下去。对这些白日梦的一种细致观察告诉我们，它们服务于让生活回到正轨的愿望，并且首先有两个目的：爱欲的（erotische）和雄心勃勃的（ehrgeizige）（不过在雄心勃勃的目的背后，多半也会安插有爱欲的目的）。在上述时期，孩子的幻想会忙于执行这样一项任务，即摆脱被贬低的父母，并且用通常是社会地位较高的人物来取代他们。在此，[幻想]与真实经历（对于封地领主或土地所有者以及宏伟都市的认识）之间偶然的巧合派上了用场。这些偶然的经历唤起了孩子的嫉妒，而这种嫉妒体现在了用更高贵的人物来取代父母这样一种幻想中。在构建这些幻想——它们在这时候显然是有意识的——的技艺方面，一切都取决于孩子所拥有的技能与材料。同样还涉及到在经过或多或少的努力之后，幻想是否达到了逼真的程度，是否得到了精心的加工制作。孩子在尚缺乏关

---

① 原注：Vgl. Freud: Hysterische Phantasien und ihre Beziehung zur Bisexualität(*G. W.* , Bd. Ⅶ)[参见弗洛伊德，"癔症的幻想及其与双性性欲之间的关系"，《全集》第七卷]，那里列出了关于这一主题的参考文献。

于[婴儿]出生的性知识时，就达到了这一阶段。

之后，随着对于性关系中父亲和母亲各自不同角色的认识，孩子理解了"父亲总是不确定的"（*pater semper incertus est*），而母亲是"确定无疑的"（*certissima*），于是家庭浪漫传奇受到了一种特有的限制：它满足于提升父亲的地位，[230]而将母亲的出身视为某种不容更改的东西，不再对其加以质疑。家庭浪漫传奇的这第二个阶段(性欲阶段)还带有第一个阶段(非性欲阶段)所缺少的第二种动机。随着对于性爱过程（geschlechtlichen Vorgänge）的认识，出现了喜欢描绘色情场景与色情关系的倾向，这背后动机是将母亲——这个最容易在性方面让人产生好奇的对象——带入秘密的不忠情境与秘密的爱情关系中的乐趣。通过这种方式，最初那些与之类似的不带性欲色彩的幻想被带到了现在这种认识的高度。

此外，之前处于显要地位的报仇与报复的动机，在此也有所表现。神经症儿童多半都在被父母制止性方面的坏习惯时受到过惩罚，如今他们就通过这类幻想来报复他们的父母。

后出生的孩子非常特别，他们通过这种虚构(完全就像历史上的阴谋)来剥夺先于他出生之人的特权,并且往往并不羞于将与自己现有的竞争者数量相当的爱情关系归于母亲。这种家庭浪漫传奇的一种有趣的变体,就是身为创作者的主人公将自己归为合法的,与此同时却用这种方式将其他兄弟姐妹作为私生的而加以铲除。在此,还有一种特殊的兴趣可能会左右家庭浪漫传奇的方向,后者因其多面性及其多用途性而可以迎合各种要求。于是,小幻想家例如就会用这种方式抹除对他产生过性吸引力的姐妹与他的血缘关系。

谁要是对儿童心灵的这种堕落感到不寒而栗,甚至想要对这种事情的可能性进行反驳,那么他就应该注意到:所有这些看上去如此充满敌意的虚构其实并没有那么恶毒的意味,[231]并且它们在简单的伪装之下保存着孩子所遗留下来的对于其父母最初的温情(Zärtlichkeit)。这只是表面上的不忠不孝与忘恩负义,因为如果人们去深究这些浪漫幻想最常见的细节,也就是用更高贵的人来取代父母双方或者只是父亲一方,那么就会发现这类新的、高贵的父母一律都带有这样一些特征,这些特征全都源于对现实中身份更加低微的父母的真实回忆,因此孩子其实并没有铲除父亲,而是提升了他。用一位更高贵的父亲来取代现实的父亲,这整个努力只不过表达了孩子对于已经逝去的幸福时光的向往。曾几何时,在他心目中,他的父亲是最高贵且最强大的男人,他的母亲是最可爱且最美丽的女人。他背离他现在所认识的这位父亲,转向他在更早的童年时光所信仰的那位父亲,而幻想其实只是表达了对于这段幸福时光一去不复返的遗憾。因此,对于最早的童年时光的过度拔高(Überschätzung)再次合情合理地出现在了这些幻想中。来自梦的研究为这一主题做出了令人瞩目的贡献。对梦的诠释告诉我们,即便在后来的岁月里梦见皇帝或女皇的梦中,这些尊贵的人物也都意指父亲和母亲。[1]由此可见,正常成年人的梦中也保留着孩子对于父母[地位]的过度拔高。

---

① 原注:*Traumdeutung*,8. Aufl.,S. 242(Ges. Werke,Bd. II/III)[《释梦》第八版,242页;《全集》第二/三卷]。

爱情生活心理学献文

之一:论男性对象选择的一种
特殊类型(1910)①

[66]迄今为止,我们一直都在让诗人为我们描绘人们根据哪些"爱的条件"(Liebesbedingungen)来进行其对象选择(Objektwahl),以及他们如何使其幻想(Phantasie)的要求与现实达成一致。诗人也具有不少能够胜任这项任务的特质,其中最重要的当属感知他人隐蔽内心活动的敏感性以及大声表露其自身无意识(Unbewußte)的勇气。不过,他们的说法作为知识的价

---

① 译注:原文标题 Über einen besonderen Typus der Objektwahl beim Manne. 译自 Sigmund Freud. *Gesammelte Werke* (*G. W.*) Band VIII. London:Imago,1943.(西格蒙德·弗洛伊德,《全集》第八卷,伦敦:伊玛格,1943)。

值却由于某种情况而打了折扣。诗人是以获得理智上和审美上的快感以及特定的感受效果为前提的，为此他们无法展示现实素材的原貌，而是必须隔离出其中的一部分，消解起干扰作用的关系，对整体进行调和，并替补缺失的部分。这就是所谓"诗的自由"（poetischen Freiheit）这样一种特权。[67]对于他们所描绘的这些既成心理状态的起源与发展，他们可能也只表现出了很少的兴趣。因此，就不免要让更笨手笨脚也更少带来快感的科学来处理同样的材料，而诗歌对这些材料的加工千百年来则一直都让人们倍感愉悦。这些评论或许能够说明对人类的爱情生活也进行一种严格科学探讨的正当性。对于我们的精神运作而言可行的快乐原则（Lustprinzip），科学恰恰是对它最为彻底的弃绝。

* * *

在精神分析的治疗当中，人们有很多机会去获得关于神经症患者爱情生活的印象，并且人们可以回想起来，在一般健康的人甚至出类拔萃的人那里，也可以观察到或者体验到类似的表现。由于[现有]的材料碰巧有利于加深某些印象，因此就使得一种独特的类型较为清晰地突显了出来。我在此首先要描绘男性对象选择的这样一种类型，因为它以一系列"爱的条件"为特征，而这些条件的会集是不可理解的，甚至压根就是离奇的，也因为它允许精神分析为其提供一种简单的解释。

1）这些爱的条件中的第一项可以说简直是特有的，人们一旦发现它，便可以顺藤摸瓜地去寻找这种类型的其他特征。人们可以称这项条件为"受伤的第三方"（Geschädigten Dritten），它的内容在于：当事人从不把一位还是自由身的女人——也就是一位少女或一位单身女性——选为爱的对象，而只会选择下面这种女人，即身为丈夫、未婚夫或男友的另一位男人有权占有的女人。这项条件在很多情况下都是如此地蛮不讲理，以至于同一个女人[68]只要不属于任何人，她就有可能先被忽视甚至鄙视，而一旦进入到与其他男人的上述这类关系中，她就立刻会变成迷恋（Verliebtheit）对象。

2）第二项条件可能更不固定，却并非更不醒目。这种类型[的条件]只有通过与第一种结合才能实现，而第一种类型[的条件]在大多数情况下也可以单独出现。这第二项条件意味着:贞洁的并且让人放心的女人从来都不具备把自己提升为爱的对象的魅力,而只有无论如何在性方面声名狼藉、其忠诚度与可信度都值得怀疑的女人才有这样的魅力。最后这个特征可以有一系列意味深长的变化——从一位不反感打情骂俏的已婚妇女蒙上阴影的名声,直到水性杨花或擅长情场做戏的女人公开的多偶制生活方式——不过属于我们[所探讨的]这种类型的男人不会放过任何一个这样的女人。人们可以稍显粗陋地将这项条件称为"妓女之恋"(Dirnenliebe)。

正如第一项条件为满足好斗的、敌对性的活动——这些活动针对的是那个男人,[当事人]从他手中把所爱的女人抢了过来——提供了条件,女方的妓女资质(Dirnenhaftigkeit)也与争风吃醋(Eifersucht)的活动有关,而争风吃醋似乎是此类求爱者的一项要求。只有当其可以争风吃醋的时候,他们才会激情澎湃,女方才会获得其充分的价值,而他们从不会错过让自己体验到这种最强烈感受的任何机会。值得注意的是,可能被人们怀疑与爱人有染的,并不是争风吃醋所针对的所爱之人的合法占有者,而是新出现的陌生人。在最突出的情况下,求爱者不会表现出丝毫想要独占女方的愿望,并且在[69]三角关系中表现得如鱼得水。我的一位病人,他曾经可怕地遭受了他夫人的出轨,却没有对他们的婚姻提出任何异议,而是想方设法地维系着这段婚姻,他在那些年从未对那个男人表现过一丝醋意。一个更典型的案例是:尽管在第一段爱情关系中曾经对[女方的]丈夫满怀醋意并且强迫女方终止与丈夫的婚姻关系,然而在他后来的众多关系中,他却表现得和[属于这种类型的]其他人一样,而不再把合法的丈夫视为麻烦。

接下来的几点所描述的不再是爱的对象所要达到的条件,而是求爱者面对他所选择的对象时的表现。

3)在正常的爱情生活中,女性的价值是由她在性方面纯洁无瑕的程度来衡量的,并且会由于贴近妓女资质的特征而遭到贬低。我们所探讨的这种类型的求爱者,却把带有这种特征的女人当成最值得爱的对象,这就明显偏离了常态。与这类女人的爱情关系会产生最高程度的精神消耗,直至耗尽其他所有的兴趣。她们是这样一类独一无二的人,人们可以去爱她们,而无论人们对自己提出的[保持]忠诚的要求在现实中可能被打破多少次,每次都还是可以再提出来。在上述这种爱情关系的特点中,有一种强迫性的(zwanghafte)特征表现得极其明显,它在一定程度上适用于所有迷恋的情况。不过,人们不能从忠诚以及绑定(Bindung)的强度得出这样一种预期,即这样一段爱情关系满满占据了当事人的爱情生活,或者它只在其爱情生活中上演过一次。倒不如说,对于这同一类特点——其中每一个特点都是[70]对其他特点的精确复制——的热情在属于这种类型之人的生活中多次重复,甚至爱的对象也可能由于外部条件(例如居住地或环境的改变)而非常频繁地彼此更替,以至于形成了一个漫长的系列。

4)让观察者最为惊讶的,当属这类求爱者本人所表露出来的"拯救"所爱之人的趋势。男方坚信所爱之人需要他,坚信如果没有他的话她就会失去一切伦理操守,并且会立刻堕落到一种可悲的境地。这样一来,他就通过不放弃她而拯救了她。在某些情况下,可以通过引证爱人在性方面的不可靠以及她岌岌可危的社会地位来说明拯救意图的正当性,不过这种意图在缺乏这类现实依据的情况下依然表现得同样明显。属于上述这种类型的一位男士,他懂得通过高超的诱惑技巧以及花言巧语赢得他夫人的芳心,后来在这段爱情关系中则不遗余力地想要通过自己创作的(宗教)小册子把当时的爱人保持在"贞洁"的道路上。

纵观此处所描绘的形象的各个特征——所爱之人的不自由与妓女资质的条件,上述这类女性的高度价值,对于争风吃醋的需要,能够经受住一系列中断的忠诚,以及拯救的意图——人们不太可能会认为它们同出一源。然而,对于所考察的这种人的生活史进行深入的精神分析研究,却很容易得出这样一种推论。这种特定的对象选择以及如此特殊的恋爱表现和正常人的爱情生活有着相同的精神来源,它们都源自婴儿期对于母亲的温情固着(infantilen Fixierung der Zärtlichkeit an die Mutter),并且展示了这种固着的一条出路。在[71]正常的爱情生活中,只剩下很少的特征会明确透露对象选择的母性原型(例如年轻男人嗜好较为成熟的女士),投向母亲的力比多相对来说很快就解除了。相反,在我们[所探讨]的这类人那里,力比多在[当事人]进入青春期之后依然长期停留在母亲那里,以至于后来所选择的爱的对象始终带有母亲的烙印，一眼就可以看出是母亲的替代者。这里自然会想到用新生儿颅骨的形成来进行类比：在出生的过程被拖长之后，孩子的颅骨必然会呈现母亲骨盆口[的形状]。

我们现在也许不得不说，我们[所探讨的]这种类型的特征、爱的条件以及爱的表现确实都源于母性情丛（mütterlichen Konstellation）。这点对于第一项条件即女人的不自由或受伤的第三方最容易讲得通。人们随时都可以承认，对于在家庭中长大的孩子，母亲属于父亲的事实成了母亲的本质[特征]当中难以割舍的一部分，而除了父亲本人之外，没有人是受伤的第三方。将所爱之人过度拔高为独一无二、无可取代的人，这个特点同样理所当然地适用于幼儿期的[母子]关系，因为谁都只有一位母亲，并且[孩子]与她的关系是以无可置疑且不会重复的事件为基础的。

如果说在我们[所探讨的]这类人那里，爱的对象首先是母亲的替代者，那么看似与忠诚的条件如此截然相反的系列的形成（Reihenbildung）也就可以理解了。精神分析还通过其他例子告诉我们，在无意识（Unbewußt）中起作用的无可取代之物，往往会由于消解而呈现在一个无尽的系列中。[72]之所以是无尽的,乃是因为任何替代者都达不到孜孜以求的那种满足。这样一来,处在某个年龄段的孩子总爱提问的乐趣就通过下面这点得到了解释:即他们只有一个问题要问,但却迟迟没有开口,许多为神经症所苦之人的喋喋不休正是出于一个秘密的压迫,他们即便竭尽全力也无法吐露这个秘密。

相反,第二项条件,即所选对象的妓女资质,似乎和衍生自母亲情结(Mutterkomplex)这一点大相径庭。就成年人意识层面的想法而言,母亲的人格通常表现为具有神圣而不可侵犯的道德纯洁性,并且没有什么比有人从外面质疑母亲的这一特征更具有诽谤性,也没有什么比从内心对此产生怀疑更令人痛苦。不过,由于我们长期有过这样的经验,即在意识中分裂为两个对立部分的东西在无意识中往往合而为一,因此"母亲"与"妓女"之间最为尖锐的这种对立关系,就促使我们去研究这两种情结的发展史及其无意识关系。研究把我们带回到了生命中的这样一个时期,大概是前青春期的年纪,此时男孩刚刚对成人之间的性关系有了一种较为完整的认识。残酷的消息——它们显然趋于引起鄙视和反感——告诉了他性生活的秘密,破坏了成年人的权威,因为成年人的权威显得与对其性活动的揭露互不相容。在这些公开的揭露中,对于刚涉世的孩子影响最大的,当属这种公开揭露与自己父母之间的关系。听[到这类信息]的人常常会用下面这种说法直接对其加以否认:你的父母和其他人有可能干这种勾当,但我的父母绝不可能。

[73]作为"性启蒙"通常都会附带[产生]的结果,男孩同时也会得知这样一些女人的存在:她们为了营生而从事性行为,并因此受到大家的鄙视。他本人会和这种鄙视保持距离,而一旦得知可以从她们那里开始迄今为止都作为"大人"专属保留项目的性生活,那么他对这些不幸之人只会产生一种渴望与害怕的混合[情感]。当他无法再坚持要求把他自己的父母作为性活动这种肮脏常态的例外时,他就会做出一种玩世不恭的修正,说母亲和娼妓之间的差距毕竟没有那么大,因为她们所做的在根本上是同一回事。具有启蒙作用的消息激起了他内心中童年早期印象的记忆痕迹(Erinnerungsspuren)和愿望(Wünsche),并由此重新引发了他的某些心理活动。他开始在新获得的意义上欲望母亲本人,并且重新恨恶起

作为对手横亘在这愿望面前的父亲。正如我们所言,他陷入到了俄狄浦斯情结(Ödipuskomplexes)的统治之下。他没有忘记针对母亲的俄狄浦斯情结,并且把它放在一种不忠的语境下加以考察:她没有把性交这项福利送给他,而是送给了父亲。如果没有迅速翻过这一页,那么这些[心理]活动的出路,就不外乎在种种幻想(它们以各种情境下母亲的性活动为内容)中肆意蔓延,而这些[心理]活动的张力也非常容易导致手淫行为并在其中得到释放。由于色欲(Begehrlichkeit)和寻仇(Rachsucht)这两个起推动作用的动机长期的共同作用,受到[男孩]青睐的无疑是母亲不忠的幻想。与母亲犯下不忠的情夫几乎总是带有[孩子]本人自我(das eigene Ich)的特征,或者更确切地说,带有[孩子]本人[74]被理想化了的、通过让年龄变得成熟而被提升至父亲水平的人格。我在别处①所描绘的"家庭浪漫传奇"②包含了这类幻想活动的多种形态

---

① 译注:参见本书第一篇文章"神经症患者的家庭浪漫传奇"。

② 原注:O. Rank, *Der Mythus von der Geburt des Helden*, 1909. (*Schriften zur angewandten Seelenkunde*, Heft 5.) 2. Auflage 1922. [奥托·兰克,《英雄诞生的神话》,1909(载于《应用心理学期刊》第五期),1922 第二版]。

及其与这一生命时期各种自我兴趣(egoistischen Interessen)之间的交织。根据对心理发展这一阶段的洞见,我们可以发现从母亲情结直接推出爱人的妓女资质这项条件不再是矛盾重重且不可理解的。我们所描绘的这种男性爱情生活带有这一发展史的痕迹,并且很容易被理解为是对男孩青春期幻想的固着,这些幻想后来却依然在现实生活中找到了出路。可以毫无困难地设想,青春期频繁的手淫为这些幻想的固着做出了贡献。

拯救所爱之人的趋势似乎和这些支配现实生活的幻想仅仅处在一种松散的、表面的并且通过意识层面的说明就能穷尽的关系中。爱人会由于其善变和不忠的倾向陷入危险,由此便可以理解求爱者通过监视她的贞操并与她的坏倾向作斗争,来努力保护她免于这些危险。同时,关于人类记忆屏(Deckerinnerungen)、幻想以及夜梦的研究表明,这里存在对一种无意识动机非常成功的"合理化"(Rationalisierung),它可以与梦中完美实现的二次加工(sekundären Bearbeitung)相提并论。实际上,拯救的动机有其自身的意谓和历史,并且是母亲情结,或者更严格地说是[75]双亲情结(Elternkomplexes)的一种独立衍生物。当孩子听说他的生命要归功于双亲、是母亲"赋予了他生命"时，他身上温情的[心理]活动就会与渴望长大、争取独立的[心理]活动联合起来产生这样一种愿望，即通过一种相似的报答来偿还双亲的这种赠予。这就如同男孩的挑衅（Trotz）想要说：我不需要父亲的任何东西，我会把他为我花费的一切都还给他。于是他就形成了把父亲从一场生命危险中拯救出来的幻想，由此就和父亲扯平了，而这种幻想经常会移置（verschiebt）到皇帝、国王或者一般是某位伟人头上，并且在经过这种变形之后可以被意识到，甚至可以为诗人所用。当拯救的幻想用到父亲头上时，挑衅的意味更重；用在母亲头上时，大多则是温情的意谓。母亲赋予了孩子生命，而用某样等价的东西来交换这件独特的礼物并不容易。通过意谓上的稍稍转变，正如在无意识中易于做到的那样——人们或许可以将其视为如同意识层面的概念之间的滑动——拯救母亲就获得了这样一种意谓：送给她或为她制造一个孩子，当然是和自己本人一样的孩子。这和拯救的原始意义相差并不太大，意谓的转变并非是任意的。母亲把生命赋予了自己这个人，人们为此把另一个生命、和自己本人颇为相似的一个孩子的生命赋予她。通过许愿从母亲那里得到一个和自己一样的儿子,也就是说在拯救的幻想中完全让自己认同(sich identifiziert mit)父亲,儿子由此表明自己是值得感谢的。温情的、感恩的、淫秽的、挑衅的、自立的,所有这些冲动(Triebe)都在变成自己的父亲这样一个愿望中得到了满足。危险这个因素也[76]没有因为意谓的转变而消失。出生这件事本身就是危险,人们通过母亲的努力而从中得救。出生作为后来会让我们感到焦虑(Angst)的一切生命危险的原型(Vorbild),它同样是最首要的生命危险,而出生的经历很可能为我们留下了我们称之为"焦虑"的这种情绪表达。苏格兰传说中的麦克白并非由母亲分娩所生,而是从母亲体内剖腹取出,因此也就不知道焦虑为何物。

古代的解梦者阿特米多鲁斯(Artemidorus)说得很有道理,梦随着梦者其人的变化而变化。按照适用于无意识思维表达的法则,"拯救"的意谓视其出于一个女人还是一个男人而变化。它既可能意味着制造一个孩子 = 使其出生(对男人而言),也可能意味着自己生一个孩子(对女人而言)。

在梦中和幻想中,拯救的这些不同的意谓在与水的关系中尤其清晰可辨。如果一个男人在梦中从水里救上来一个女人,这就等于说:他使她成为母亲。根据上述讨论,这和以下内容具有相同的含义:他让她成了他自己的母亲。如果一个女人从水中救了别人(一个孩子),那么她就会把自己视为生下他的母亲,就像摩西的传说①中法老的女儿那样。

针对父亲的拯救幻想也可能含有一种温情的意味。它想要表达这样一种愿望,即把父亲当作儿子,也就是有一个和父亲一样的儿子。由于拯救的动机与双亲情结之间的所有这些关系,就形成了[77]拯救所爱之人的趋势,它是这里所描述的爱情类型的一个本质特征。

我认为没必要为我在此以及在探讨肛门爱欲(Analerotik)时的工作方式进行辩护。这种工作方式旨在从观察材料出发,首先对其中极端且棱角分明的类型进行强调。在两种情况下都存在大量个体,在他们身上只能发现这种类型的某一特征,或者只能发现这些特征

---

① 原注:Rank, l. c. (兰克,前引文献)。

不太鲜明。下面这点是不言而喻的：只有先对[我们]在其中觉察到这些类型的整体关系进行说明，才可能对这些类型进行正当的评判。

之二：论爱情生活最普遍的
降格(1912)

I

[78]如果精神分析的实践者问自己最常为哪种疾病提供帮助,那么除了各种形式的焦虑之外,他必然会回答说是心理性无能(psychischer Impotenz)。这种特殊的紊乱涉及到力比多本性强大的男人,并且表现为性欲的执行器官拒绝实施性行为,尽管可以证明它在之前和之后都安

---

① 原文标题 Über die allgemeinste Erniedrigung des Liebeslebens. 译自 Sigmund Freud. *Gesammelte Werke* (*G. W.*) Band VIII. London: Imago, 1943. (西格蒙德·弗洛伊德,《全集》第八卷,伦敦:伊玛格,1943)。

然无恙并且机能正常,尽管也存在一种想要实施[性]行为的强大心理倾向。理解其状态的第一条途经是病人自己提供的,即这种失灵(Versagen)只会在和某些人的尝试中出现,而在其他人那里则从来不成问题。于是他知道,是性对象的一种特质抑制了他的男性能力,并且多次报告说他在内心当中有某种受阻的感觉,感到了一种相反的意愿,而这种意愿成功干扰了意识层面的意图。不过他却猜不出这种内心的阻碍是什么,以及是性对象的哪种特质使得这种阻碍发挥了作用。如果他反复体验到这种失灵,那么他就可能在一种[人们]熟悉的[79]错误联系中做出以下判断:对于第一次[失灵]的回忆作为一种导致紊乱的焦虑表象(Angstvorstellung)强制性地造成了[失灵的]重复,第一次[失灵]本身则被他归结为一种"偶然的"印象。

　　精神分析关于心理性无能的研究已经由多位作者着手进行并予以发表。① 每位分析师都可以从自己的医疗

---

① 原注:M. Steiner: *Die funktionelle Impotenz des Mannes und ihre Behandlung* , 1907.（马克西姆·施泰纳,《男性的功能性性无能及其治疗》,1907）—W. Stekel: In. *„Nervöse Angstzustände und ihre Behandlung"* , Wien 1908 (II. Auflage 1912).[威廉·斯特凯尔,《神经症性质的焦虑状态及其治疗》,维也纳,1908(第二版 1912)]—Ferenczi: （转下页注）

经验出发来证实这些研究所提供的解释。实际上涉及到某些心理情结的抑制性作用,而这些情结并不为个体所知。作为这种致病性材料最普遍的内容,突显出来的是对于母亲和姐妹的未被克服的乱伦固着(inzestuöse Fixierung)。此外,还要考虑到与幼儿性活动有关的偶然产生的痛苦印象,以及使得针对女性对象的力比多普遍下降的因素。①

只要人们坚持通过精神分析来研究突出的心理性无能案例,就会得到关于在其中起作用的心理性欲(psychosexuellen)过程的信息。几乎和所有神经症紊乱一样,疾病的根源在这里再次是力比多在朝向其所谓正常的终极形态的发展历程中[所受到]的一种抑制。我们可以将其区分为温情的(zärtliche)和(感官)肉欲的(sinnliche)两股潮流,它们在此并未汇合,而只有它们合流才能确保一种完全正常的爱的表现。

_____

(接上页注)Analytische Deutung und Behandlung der psychosexuellen Impotenz beim Manne. (*Psychiat. -neurol. Wochenschrift*, 1908.) [费伦奇,“男性心理性无能的分析解释与治疗”,《精神病学—神经病学周刊》,1908]。

① 原注:W. Stekel :Lc, S. 191 ff(威廉·斯特凯尔:前引文献191页以下)。

在这两股潮流中,温情的潮流年代更为久远。它源于最早的童年岁月,是在[80]自保冲动兴趣(Interessen des Selbsterhaltungstriebes)的基础上形成的,并且针对的是家人和保育人员。它从一开始就带有性冲动(Sexual-trieben)的成分,带有在童年时期就已经多多少少显明的爱欲兴趣(erotischem Interesse)的成分——在神经症患者那里,这些成分无论如何都可以通过后来的精神分析被发掘出来。它对应于儿童原初的对象选择。我们从中看出,性冲动依托于自我冲动(Ichtriebe)的鉴别力而找到了其最初的对象,正如最初的性满足是依托于保存生命所必需的身体机能而被感受到的那样。双亲与保育人员很少否认其"温情"的爱欲特征("孩子是一种爱欲的玩具"),这种温情大大提升了孩子身上爱欲(Erotik)在自我冲动的投注(Besetzungen)中的份额,并且使其达到了在后来的发展中必须加以考虑的程度,尤其是当某些其他的情境还助其一臂之力的时候。

孩子的这种温情固着,它的延续贯穿童年,并且伴有借此偏离其性目的(sexuellen Zielen)的爱欲[成分]。到了青春期的年纪,现在又加上了强有力的、不会再认错其目的的"(感官)肉欲"潮流。这一潮流看起来从未放弃之前所走的道路,并且现在用数量[比之前]大得多的力比多份额来对幼年最初选择的对象进行投注。不过它在那里撞上了在此期间竖立起来的乱伦限制的障碍,它要表现出从现实中这个不合适的对象尽快过渡到可以一起过一种现实性生活的其他陌生对象的努力。这些陌生对象依然是按照幼年的原型(意象,Imago)挑选出来的,不过它们会逐渐把[81]系于先前对象上的温情转移到自己身上。按照《圣经》的诫命,男人要离开父母而跟随妻子,①脉脉温情和感官肉欲于是携手同行。最高程度的感官迷恋也带有最高的心理评价。(男性方面对于性对象正常的过度拔高。)

至于力比多发展过程中这种进展的失败,有两个因素是决定性的。其一,是现实受挫的程度,它与新的对象选择相抵触,并且会使得个体贬低新的对象选择的价值。当人们根本无可选择或没有任何指望的时候,致力于对象选

---

① 译注:参见《圣经·创世记》(和合本)2:24:"人要离开父母,与妻子连合,二人成为一体"。

择是没有意义的。其二，是本该舍弃的幼年对象可能表现出的吸引力的程度，它与直到童年时期依然分配给这些对象的爱欲投注成正比。如果这两个因素足够强大，神经症的形成机制就会发挥作用。力比多从现实中撤回，被幻想活动所吸收（内倾，Introversion），强化了最初性对象的形象，并固着于其上。乱伦屏障（Inzesthindernis）却使得转向这类对象的力比多不得不停留在无意识中。如今属于无意识的（感官）肉欲潮流，它在手淫行为中的活动为强化这种固着出了自己的一份力。在现实中失败的进展如今得以在幻想中实现，最初的性对象在导向自慰满足的幻想情境中被陌生对象所取代，[不过]这都无济于事。幻想会由于这种替代而可以被意识到，然而在力比多的现实安置问题上却并没有任何进展。

[82]通过这种方式，一位男青年的整个感官肉欲都在无意识中被绑定在了乱伦对象上，正如我们同样也可以说它固着在了无意识的乱伦幻想上一样。如此一来的结果，就是一种绝对的性无能（absolute Impotenz），而实施性行为的器官的实质性衰弱或许还会让这种结果变得更加确定无疑。

对于真正所谓心理性无能的发生而言，所需的条件并没有这么苛刻。(感官)肉欲潮流无需全盘服从必须藏在温情潮流背后的命运，它必须保持足够强大或者不受抑制，以便能够在现实中开辟一条出路。这种人的性活动可以通过下面这个明显的迹象而被辨认出来，即它并没有以整个精神性的冲动力量(psychische Triebkraft)作为它的后盾。它是有缺陷的、容易紊乱的，经常实施不当，很少让人感到享受。不过，其中最重要的一点是它必须避让温情潮流。于是在对象选择方面就形成了一种限制。保留下来的活跃的(感官)肉欲潮流只能寻找这样的对象，这些对象不会让他想起被禁止的乱伦人选。一旦他对某[女]人产生了可能导致较高心理评价的一种印象，那么这种印象便进入到了在爱欲方面不起作用的温情的[心理]活动而非感官肉欲的[心理]活动中。这类男人的爱情生活分裂为两个方向，这两个方向在艺术中[分别]被人格化为属天的(himmlische)爱和属地的(irdische，或属兽的，tierische)爱。他们爱的时候就不欲望，欲望的时候就不爱。他们寻找不需要爱的对象，以便使其感官肉欲与所爱的对象保持距离。他们在回避[83]

32

乱伦之后所选择的对象,当这个对象身上的一个往往不起眼的特征让其想到要加以回避的对象时,心理性无能这种奇特的失灵就会依据"情结敏感性"(Komplex-empfindlichkeit)和"被压抑者的返回"(Rückkehr des Verdrängten)这两条法则而出现。

在这种爱的分裂中,人们用来应对这种紊乱的主要保护措施,就在于从心理上让性对象降格。与此同时,正常情况下对于性对象的过度拔高,则被保留给了乱伦对象及其代表。降格的条件一旦满足,(感官)肉欲就能得到自由表达,并且会展现出色的性能力和高度的快感。还有另一层关系也促成了这一结果。在温情潮流和(感官)肉欲潮流并未正常合流的人那里,多半也很少有一种精致的爱情生活,他们身上保持着倒错的性目的(per-verse Sexualziele),这些目的若是没有得到满足就会被体验为快感的缺失,却似乎又只有在降格了的、被鄙视的性对象身上才能得到满足。

在第一篇献文[①]中所提到的男孩把母亲贬低为妓女

的幻想,其动机现在就可以理解了。这些幻想是这样一种努力,亦即要在幻想中尽可能消除爱情生活两股潮流之间的鸿沟,要通过把母亲降格为感官肉欲的对象来得到她。

II

到目前为止,我们一直在忙于对心理性无能进行医学-心理学研究,然而在这篇论文的标题中却找不到任何这么做的正当理由。不过,为了达到我们真正的主题,我们显然需要这个导论。

我们把心理性无能归结为温情潮流与(感官)肉欲潮流在[84]爱情生活中的不合拍,并且用强大的童年期固着以及后来在乱伦限制介入的同时在现实中出现的挫折,来解释这种发展受阻本身。有一种意见首先就跳出来反对这套学说:这套学说为我们提供了很多东西,为我们解释了为什么某些人会患上心理性无能,却似乎让其他人何以能够避免心理性无能成了我们的一个谜。由于得承认所有被明确纳入考虑的因素——强大的童年期固着,乱伦限制以及青春期之后发展过程中的挫折——几乎在所有文明人那里都存在,因此就有理由预期心理性无能是一种普遍的文明疾病而非个体性的病症。

如果人们指明引发疾病的量的因素,指明一种可识别的患病后果是否会出现所取决于的因素各自所占份额的多少,那么就很容易避免上述这种推论。不过,尽管我想承认这种回应是正确的,却无意于由此拒绝上述推论本身。相反,我想要提出的主张是:心理性无能比人们所以为的要广泛得多,在某种程度上这种表现确实刻画了文明人爱情生活的特征。

如果人们更加宽泛地理解"心理性无能"这个概念,而不再只把它局限在意图寻找快感且生殖器安然无恙的情况下性交行为的失败,那么人们称之为"心理性冷感者"(Psychanästhetiker)的男人——他们的[性]行为从未失败,不过却没有获得什么特别的快感——首先就会加入进来。对这类情况的精神分析研究,发现了我们在[85]严格意义上的心理性无能那里发现的同一种致病因素,但一开始并没有找到一种关于症状差异的解释。从性冷感的男人那里得出了与无数性冷淡的(frigiden)女人之间的一种类比,这种类比的正当性很容易得到说明,而要描述和理解这些女人的[性]爱表现,实际上再也没有比拿它和更加显著的男性心理性无能相提并论更好的[做法]了。①

然而,如果我们不是通过扩展"心理性无能"这个概念,而是按照其症状学上的层次差异来进行考察,那么我们就无法拒绝下面这种洞见:身处我们当今文明世界中的男性,其[性]爱表现总体上都带有心理性无能的形态。温情的潮流与(感官)肉欲的潮流只在极少数有教养的人那里彼此融合,男性几乎总是在其性活动中出于对女性的尊重而受到束缚,而只有在面对一个降格了的性对象时才会展现出充分的性能力,这再次是由于下面这种形势使然:不敢在其所尊重的女性身上去满足的倒错成分进入到了其性目的中。只有无所顾忌地沉浸于他不敢在例如有教养的女伴身上去寻找的那种满足中时,他才保证能获得一种充分的性享受。由此一来,就引发了他对

—————————

① 原注:同时得承认,女人的性冷淡是一个复杂的、同样也可以从不同方面加以探讨的主题。

36

于一种降格了的性对象的需要。在伦理上身份卑微的女人，他无需对她有审美上的顾虑，因为她不了解他其他的生活关系，也无法对他做出评价。他最爱把他的性能力奉献给这种女人，尽管他的温情完全属于[另]一位更高贵的女人。把一位[86]出身低微的女人选作长期情人甚至妻子，这种经常在身处社会最高层的男人那里观察到的倾向，也许同样不外乎对降格了的性对象有需求的结果，而完全满足的可能性在心理上就和这种对象联系在一起。

在真正的心理性无能那里起作用的强大的幼儿期固着和青年时期的现实挫折，我并不讳言这两个因素同样该为有教养的男人在爱情生活中的这种如此常见的表现负责。下面这点听起来既非显而易见，此外还自相矛盾，不过还是必须要说：谁在爱情生活中确实变得自由并因而也变得幸福，谁就必然克服了对于女人的尊重，必然熟悉与母亲或姐妹乱伦的想象（Vorstellung）。谁要让自己在这方面要求上接受一种严格的自我检查，谁就会判定性行为在根本上是某种让人降格的东西，而不仅仅只是玷污和糟蹋了身体。他肯定不愿意承认的这种评判，它的起源只能在他青年期的某段时间去寻找，那时候他的(感官)肉欲潮流已经发展壮大，它在陌生对象那里的满足却几乎和在乱伦对象那里的满足一样遭到禁止。

在我们的文明世界中，女性受到其教育的一种相似的后续作用的影响，此外还受到她们对于男性表现的反作用的影响。对她们而言，如果男性在面对她们时没有发挥出全部的性能力，她们当然同样会不顺心，就如[男性]当初[对于女性]的高度迷恋在[其]得手之后就被[他对于女性的]轻视所取代时一样。在女性那里很少会观察到让性对象降格的需要，这肯定和下面这点有关：即她通常不会做与男人对性的过度拔高相似的事情。不过，对于性欲的长期遏制以及[87]感官肉欲在幻想中的滞留对她而言产生了另一重大后果。她今后再也剪不断感官肉欲活动与禁忌（Verbot）之间的联结，而当这种活动对她而言最终被允许的时候，她就会表现出心理性无能，也就是性冷淡。由此一来，在许多女性那里就产生了这样一种努力，亦即要在合法的关系中再将秘密保守一段时间。在另一些女性那里，只要"禁忌"这项条件在一段秘密的爱情关系中被重建起来，那么[她们]就可以正常感受到[性]能力,对丈夫不忠的她们就得以对情夫保持第二层意义上的忠诚。

我认为,应该把女性爱情生活中的禁忌这项条件和男人让性对象降格的需要相提并论。二者都是文明教化所要求的大大延长性成熟与性活动之间间距的结果。二者都试图消除心理性无能这种因温情活动与感官肉欲活动不合拍所致的结果。如果说同一种原因在女性和男性那里导致了如此不同的结果,那么这很可能要归结为两性表现中的其他差异。有教养的女性待字闺中期间不习惯去违犯性活动的禁忌,并由此获得了禁忌与性欲之间的紧密联结。男性则大多都在让对象降格的条件下打破了这一禁忌,并就此把这个条件带到了其后来的爱情生活中。

面对当今文明世界对性生活进行改革的种种方兴未艾的努力,回想起下面这一点并非多余,即精神分析研究和其他任何研究一样很少带有倾向性。通过从明显的东西追溯到隐蔽的东西,除了[由此发现的]各种关系之外,它无意于发现其他任何东西。因此,如果改革利用其调查而让[88]有利的东西取代有害的东西,那么它在精神

39

分析研究看来就是正当的。不过,后者却无法预见其他体制是否必然会造成其他的、有可能是更严重的牺牲。

III

文明对于爱情生活的束缚导致了性对象的一种最普遍的降格,这个事实促使我们让自己的目光离开对象而转向冲动本身。性享受起初受挫[所带来]的伤害,体现在它后来在婚姻中再也无法发挥完全令人满意的效果。不过,从一开始就不受限制的性自由,其结果也好不到哪去。很容易断定,对于爱的需要一旦易于得到满足,它的精神价值立刻就会下降。需要有一种障碍来提升力比多,并且在对于满足不存在自然阻碍的地方,人们在所有时期都会约定俗成地设立障碍,以便能够享受爱情。这点对于个体和民族同样适用。在爱的满足遇不到任何困难的时候,例如古代文明的衰落时期,爱就变得一文不值,生命变得空虚,而这就需要有更强的反作用形成(Reaktionsbildungen)来重建不可或缺的情感价值。在这种关系方面,人们可以断言基督教的苦行潮流为爱创造了精神价值,而这是奉行享乐主义的古人从未能赋予它的。这一潮流在那些几乎终身都只是在与力比多的诱惑作斗争的苦行僧那里达到了顶峰。

人们肯定首先倾向于把这里出现的困难归咎于我们器官冲动(organischen Triebe)的普遍特性。[89]一种冲动在心理上的重要性肯定随着其受挫[程度]而得到提升,一般而言这肯定也是对的。试想让一定数量彼此差异极其悬殊的人同时忍受饥饿。随着占据压倒性优势的进食需要的增长,一切个体差异都会被抹消,取而代之的是一种未被满足的冲动的一致表达。不过,随着一种冲动得到满足,其精神价值普遍会有如此大幅度的下降,这一点也是真的吗?人们会想到例如酒鬼与酒的关系。酒总是带给酒鬼一种令人上瘾的满足,这种满足在诗歌当中经常与爱欲的满足相媲美,甚至还可以从科学观点的立场出发来做这种比较。这难道不是真的吗?人们何曾听说过酒鬼会因为同一种酒很快就不再可口,而不断更换他的杯中之物?相反,习惯会把当事人和那种酒之间绑定得越来越紧密。去一个酒更昂贵或者禁止饮酒的国家,以便通过加上这种负担来协助提升走下坡路的满足感,人们会在酒鬼那里发现这种需求吗？绝对不会。当人们听到我们像柏克林（Böcklin）这样的大酒徒所吐露的他与酒之间的关系时,①这种关系听起来倒像是最纯粹的和谐,像是幸福婚姻的一种原型。为何求爱者与其性对象之间的关系会如此地不同呢？

我相信,无论听起来有多么离奇,人们必须考虑到这样一种可能性,即性冲动本身的性质当中就有某个因素不利于实现彻底的满足。有可能为这种困难负责的两个因素,立刻就从冲动漫长而又艰难的发展史当中突显了出来。其一,[90]随着乱伦限制的介入而开始的第二轮对象选择,由于这是第二轮,[因此]性冲动最终的对象不再是原始的对象,而只是它的一个替代品。不过精神分析告诉我们:如果由于压抑（Verdrängung）而失去了愿望[的心理]活动所针对的原始对象,那么后者通常会被一系列无尽的替代对象（Ersatzobjekten）所取代,但其中没有一个足以完全替代它。这点也许可以帮我们解释在成

---

① 原注: G. Floerke: *Zehn Jahre mit Böcklin*. 2. Aufl. 1902, S. 16.（古斯塔夫·弗洛克,《与柏克林一起的十年》,1902 第二版,16 页）。

年人的爱情生活中,在对象选择方面如此常见的善变或"渴望刺激"。

其二,我们知道性冲动起初分裂为一系列组成部分,或者不如说它们源自这样一系列组成部分。然而,并不是所有的成分都可以被吸收进其后来的形态中,而是有些成分必然被事先压制或者为其他成分所用。其中最重要的,当属嗜粪的冲动成分(koprophilen Triebanteile)。大概自从我们由于直立行走而让我们的嗅觉器官离开地面以来,它们就被证明为难以见容于我们的审美文化。在这之后,就是属于爱情生活的很大一部分施虐动力(sadistischen Antriebe)。然而,所有这些发展过程都只触及到复杂结构的表层。激起爱的兴奋的基本过程依然保持不变。与粪便有关的东西和与性有关的东西处在密不可分的关系中,生殖器的位置——介于尿与屎之间——依然是不可变更的决定性因素。人们现在可以把伟大的拿破仑的一句名言稍加变通之后说:解剖学构造就是命运(die Anatomie ist das Schicksal)。生殖器本身并未参与人体形态朝向美的演化,它们依然保持为兽性的,因此爱如今在根本上也同样是动物性的,正如它一直以来所是的那样。爱的冲动难以调教，对它们的调教要么太过要么太少。文明想要从它们那里得到的，似乎不在快乐方面造成可以感觉到的损失便不可能达成。[91]至于没派上用场的那些兴奋，它们的持续存在则作为性生活中的不满(Unbefriedigung)而被认识到。

因此人们必须对下面这点了然于胸:性冲动的诉求与文明的要求之间根本不可能画上等号，放弃、病痛以及在更远的未来人类灭绝的危险，这些可能都会因人类文明的发展而无法避免。这种令人沮丧的预测建立在这样一种推断的基础上，即文明的不满是性冲动在文明的压力之下所接受的某些特性的必然结果。一旦性冲动服从于文明最起码的要求，性冲动达到完全满足的那种无能为力就会变成最伟大的文明成就的源泉，这是通过对其冲动成分进行总是更进一步的升华(Sublimierunng)来实现的。人类要是在性冲动力量的某种分配之下可以从中得到彻底的快感满足，那又何来将性冲动力量作其他用途的动机呢?[倘若如此,]他们便不会再离开这种快感，也不需要任何更多的进步。如此看来，人类是凭借着两种冲动——性冲动与自我冲动——的要求之间难以调和的差异才得以不断达到更高的成就，不过也面临着一种持续的危险，而弱者如今就以罹患神经症的形式成了这种危险的牺牲品。

科学的目的既不在于危言耸听，也不在于安抚人心。不过我本人非常愿意承认，像上面这种如此深远的结论，应该建立在更加宽泛的基础之上，而人类在其他方面的发展或许也可以纠正在此单独处理所得出的结果。

之三:处女身份的禁忌(1918)[①]

[161]原始民族性生活的少数细节对我们而言是如此地奇怪,例如其对于处女身份——女人未被触碰的状态——的评价。在我们看来,追求者对于处女身份的重视是如此地根深蒂固和不言而喻,以至于当需要为这种判断说明理由时,我们几乎就陷入了困境。女孩不该把与某个男人性关系的回忆带到与另一个男人的婚姻中,这种要求不外乎对一个女人专属占有权顺理成章的延

① 译注:原文标题 Das Tabu der Virginität. 译自 Sigmund Freud. *Gesammelte Werke* (*G. W.*) Band XII. London:Imago,1947(西格蒙德·弗洛伊德,《全集》第十二卷,伦敦:伊玛格,1947)。

续,它构成了单偶制的本质,把这种垄断延伸到了过去。

不难发现,起初作为预感出现的东西,其正当性将从我们关于女性爱情生活的观点中得到说明。少女对爱情的渴望历经艰难险阻,谁首先满足了这种渴望,并且克服了在环境和教育的影响下在她心中形成的障碍,谁就会被她带入到一种长期关系中,而这种关系不可能再向其他人开放。以这种经历为基础,女人身上就建立起了一种依附状态,它确保了[某个男人]对她长期稳定的占有,并使她能够抵制新的印象和陌生人的诱惑。

[162]冯·克拉夫特-埃宾(v. Krafft-Ebing)①选择用"性依附"(geschlechtliche Hörigkeit)这一表述来说明以下事实:一个人有可能对性关系中的另一方产生非常高的依恋性和依赖性。这种依附有可能达到很深的地步,直到丧失自身的意志,甚至容忍对自身利益最大程度的牺牲。不过,作者没有遗漏下面这一点:一定程度的这种依

---

① 原注:v. Krafft-Ebing:Bemerkungen über „geschlechtliche Hörigkeit"und Masochismus. (*Jahrbücher für Psychiatrie*, X. Bd., 1892.)(冯·克拉夫特-埃宾,"关于'性依附'以及受虐狂的评论",《精神病学年鉴》第十卷,1892)。

赖"完全有必要,只要这种结合想要长期保持下去的话"。一定程度的这种性依附实际上对于文明婚姻的维系以及对于威胁它的多偶制倾向的遏制都是必不可少的,而在我们的社会共同体中,这一因素通常都会被考虑在内。

一方是"极度迷恋且性格软弱",另一方则是无限的自我中心主义(Egoismus),冯·克拉夫特-埃宾从二者的这种结合推导出了性依附的起源。[精神]分析的经验却让我们无法对这种简单的尝试性解释感到满意。人们可能更愿意承认,被克服的性阻抗(Sexualwiderstandes)的程度才是决定性的因素,此外再加上克服过程的集中性和独一无二。与之相应,依附(Hörigkeit)在女性那里要比在男性那里常见得多,而在男性那里,在我们的时代毕竟要比在古代更为常见。在我们可以对男人的性依附进行研究的地方,这种依附就会证明自己凭借某个特定的女人成功克服了一种心理性无能,而当事人从此就与这个女人绑定在了一起。很多引人注目的婚姻以及某些甚至带有[163]深远影响的悲剧性命运,似乎都可以在这一过程中找到解释。

人们如果声称原始民族没有赋予处女身份任何价值,并且以它们让少女在婚姻之外和首次性交之前破处

48

(Defloration)作为例证,那么人们就没有正确描述原始民族的上述表现。相反,即便对于它们而言,破处看起来依然是一个意义重大的行为,不过它却成了一种禁忌(Tabu)的对象,成了一种可以说是宗教性的禁忌的对象。它没有被保留给女孩的未婚夫和日后的丈夫,习俗(Sitte)要求后者回避这项任务。①

我无意于完整收集这种习俗禁忌存在的文献依据,追踪其地理传播,罗列其所有的表现形式。我只是想要证实,这种在日后的婚姻之外所发生的破处行为,它在如今尚存的原始民族中仍然广为流传。克劳利(Crawley)就表示:"这种婚姻仪式就在于让丈夫之外的某个被指定的人选来穿破处女膜,这种仪式在最低级的文明中最为流行,尤其是在澳大利亚。"

当破处不该通过婚内交合来完成的时候,它就必然

---

① 原注:Crawley:*The mystic rose*,*a study of primitive marriage*,London 1902(克劳利,《神秘玫瑰:关于原始婚姻的一项研究》,1902);Bartels-Ploß:*Das Weib in der Natur- und Völkerkunde*,1891(巴尔特斯-普罗斯,《自然史与人种志中的女人》)。多处见于 Frazer:*Taboo and the perils of the soul*(弗雷泽,《禁忌与灵魂的危险》)以及 Havelock Ellis:*Studies in the psychology of sex*(哈夫洛克·埃利斯,《性心理学研究》)。

要通过某种方式并且要由某一方来提前完成。我将援引上面提到的克劳利书中的几处，它们在这点上给出了答案，不过也赋予了我们进行一些批判性考察的权力。

[164]第191页：“在（澳大利亚的）蒂里（Dieri）和某些邻近部落，在女孩达到青春期时破坏处女膜是普遍风俗。在波特兰（Portland）和格莱内尔格（Glenelg）部落，这一风俗被交由一位老妇人来完成，有时候也有白人会为此受邀来让女孩破贞（entjungfern）。”①

第307页：“故意弄破处女膜有时是在童年时期进行的，但通常是在青春期进行的。它通常与仪式性的交合行为连在一起，就像在澳大利亚那样。”②

第348页：（据斯宾塞［Spencer］与吉伦［Gillen］的说法，在存在著名的外婚制限制的澳洲部落）“处女膜被人为

---

① 原注：“*Thus in the Dieri and neighbouring tribes it is the universal custom when a girl reaches puberty to rupture the hymen.*”（Journ. Anthrop. Inst., XXIV, 169.［《人类学机构期刊》，第二十四期，169页]）*In the Portland and Glenelg tribes this is done to the bride by an old woman*；*and sometimes white men are asked for this reason to deflower maidens.*（Brough Smith, op. cit., II, 319.［布拉夫·史密斯，前引文献第一期，319页]）。

② 原注：*The artificial rupture of the hymen sometimes takes place in infancy, but generally at puberty,… It is often combined, as in Australia, with a ceremonial act of intercourse.*

地破坏,在场参与这项操作的人们接着按照规定的次序与女孩进行交合(请注意:是仪式性的)……整个过程可以说有两个行为:破坏处女膜和在此基础上的性交。"①

第349页:"在马萨伊(Masai)(赤道非洲),这项操作的实施是婚姻最重要的准备工作。在萨凯斯(Sakais)(马来族)、巴塔斯(Battas)(苏门答腊)和西里伯斯岛的阿富尔斯人(Alfoers)那里,新娘由父亲来破处。在菲律宾存在这样一些人,他们以给新娘破处为职业,这适用于处女膜在童年时期未被受此委任的老妇人破坏的情况。在某些爱斯基摩部落,[165]新娘的破贞被交给了巫医(Angekok)或者祭司[来完成]。"②

---

① 原注:*The hymen is artificially perforated, and then assisting men have access (ceremonial, be it observed) to the girl in a stated order... the act is in two parts, perforation and intercourse.*

② 原注:*An important preliminary of marriage amongst the Masai is the performance of this operation on the girl.* (*J. Thomson, op. cit. 258.* [J.汤普森,前引文献,258页]) *This defloration is performed by the father of the bride amongst the Sakais, Battas, and Alfoers of Celebes.* (*Ploß u. Bartels, op. cit. II, 490.* [普罗斯与巴尔特斯,前引文献第二期,490页]) *In the Philippines there were certain men whose profession it was to deflower brides, in case the hymen had not been ruptured in childhood by an old woman who was sometimes employed for this.* (*Featherman, op. cit. II, 474.* [费特曼,前引文献第二期,474页]) *The defloration of the bride was amongst some Eskimo tribes entrusted to the angekok, or priest.* (*id. III, 406.* [同上,第三期,406页])。

我之前所预告的[批判性]考察和下面这两点有关。第一点是令人遗憾的:在这些陈述当中,纯粹只破坏处女膜而不交合和以这种破坏为目的的交合,这两者并没得到仔细的区分。我们只在一处明确听到,过程分为破处和紧随其后的性交这两部分。就我们的目的而论,巴尔特斯和普罗斯极其丰富的材料几乎派不上用场,因为在[他们的]这种描述中,相比于破处行为在解剖学层面[所产生]的后果,它在心理学层面的重要性可以忽略不计。第二,人们也许希望被告知,在这种场合下"仪式性的"(纯形式性的、隆重的、官方的)交合何以与正式的性交相区分。我所接触到的作者,要么羞于在这点上表态,要么再次低估了性方面的这种细节的心理学意谓。我们可以寄希望于旅行者和信使们原本的报道更为详尽并且更少有模棱两可的地方,但由于这些外国的文献如今大都难以寻得,我在这方面也难有更确切的说法。此外,人们可以出于以下考虑而不必理会对于上述第二点的质疑:仪式性的假装交合只不过展示了对于较早时期彻底完成的交合行为的替代,并且很可能是对它的接替。①

[166]为了解释这种处女身份的禁忌，人们可以把我在临时的表述中想要加以评估的各种因素都考虑进来。在女孩破处时，通常会见血。第一种尝试性的解释，于是也就以原始人对血的恐惧为依据，而原始人把血当作生命之所在。与性毫不相干的多种规定证实了这种血禁忌（Bluttabu）的存在，它显然和不可杀戮的禁忌有关，并且对于原始的对血的渴望、对于原始人关于血的快感形成了一种防御。在这种观点看来，处女身份的禁忌是与几乎无一例外得到遵守的月经禁忌（Tabu der Menstruation）联系在一起的。原始人没办法把每个月流血的神秘现象和施虐的想象（sadistischen Vorstellungen）分离开来。他将月经、尤其是第一次月经解释为一种灵性动物的咬伤[所致]，也可能会将其解释为与这个灵魂性交的迹象。有时会有将这个灵魂视为一位祖先的灵魂的说法，于是我们借助另一些洞

---

① 原注：至于婚礼仪式的其他各种情况，毋庸置疑的是新郎之外的其他人——例如新郎的帮手和同伴（我们习俗中的"伴郎"）——完全获准对新娘拥有性方面的支配权。

见①就理解了：作为这位祖先灵魂的所有物，月经期的女孩是被禁忌的。

然而，我们也从其他方面被告诫不要高估了像血禁忌这样一种因素的影响。血禁忌还是没能遏制在同样的民族中针对男孩的以及更为残忍的针对女孩的割礼风俗（割除阴蒂和小阴唇），也没能废除会见血的其他仪式的适用性。这样一来，如果它在有利于丈夫的第一次同房时被克服，那也就不足为怪了。

[167]第二种解释同样也撇开了性生活，不过却远具有一般性。它提出，原始人是一种长期潜伏的焦虑预防工作（Angstbereitschaft）的牺牲品，完全就像我们在精神分析关于焦虑性神经症患者（Angstneurotiker）的神经症学说中所断言的那样。在一切偏离习惯的场合，一切会带来新事物、出乎意料的事物、不可理解的事物、诡异事物的场合，焦虑的预防工作都会达到最高强度。由此就产生了广泛延伸到后来宗教中的仪式，这种仪式和每项新举措的开始有关，和每个新时期的开端有关，和人、动

---

① 原注：见 *Totem und Tabu*. 1913.（《图腾与禁忌》,1913）。

物以及果实的新生有关。被认为对处在焦虑中的人们具有威胁的那些危险，它们的强度在危险情形开始的时候总是会超出人们的预期，因此只有针对它们做好防护才行。婚姻中的首次性交由于其重要性当然有权要求启用这种防护措施。两种尝试性的解释，一种从对血的恐惧出发，一种从新生焦虑(Erstlingsangst)出发，二者并非相互矛盾，而更多是彼此增进。初次性交当然是令人忧虑的行为，而由于在此过程中必然要流血，因此它就更加令人忧虑了。

第三种解释——它是克劳利所偏爱的——使得下面这一点引起了人们的关注：处女身份的禁忌属于一种更广泛的、囊括了整个性生活的关系。不仅与女人的首次交合是被禁忌的，而且性交整个都是被禁忌的，人们几乎可以说女人整个都是被禁忌的。女人不仅在其性生活方面依次发生的月经、怀孕、分娩和生育这些特殊情况下是被禁忌的，而且除此之外，与女人交合同样也受到非常严格且非常多样的限制，以至于我们有理由怀疑所谓[168]"野蛮人的性自由"。原始人的性欲在特定情况下超出了一切抑制，此言不假，然而它所受到的来自禁忌的压制，却通常显得比在更高级的文明阶段还要强。一旦男人要从事某件不寻常的事情（一场远征、一场狩猎、一场战争），他就必须远离女人，尤其必须远离和女人性交，否则这样就会麻痹他的力量并且给他带来厄运。同样，在日常生活的习俗中，也不可否认[存在]一种对性别加以区隔的努力。女人和女人生活在一起，男人和男人生活在一起，我们意义上的家庭生活在许多原始部落几乎不存在。两性之间的区隔到了如此地步，以至于某个性别的人都不可以说出异性的人名，以至于女性用特殊的词汇发展出了一套语言。性方面的需要可以一再打破这种区隔限制，不过在很多部落，即便是夫妻之间幽会也得在室外，并且得是秘密进行。

原始人在哪里定下一种禁忌，他就在哪里回避一种危险，并且不可否认的是，在所有这些回避措施中，原则上都表现出了一种对于女人的恐惧。这种恐惧很可能源于下面这一点：女人不同于男人，她永远显得不可理解、充满神秘、"非我族类"（fremdartig）因而怀有敌意。男人害怕因女人而变得虚弱，害怕被她的女性气质所传染，并且害怕之后表现得无能。交合[所产生的]令人精疲力尽、释放应激张力的效果也许是这种担心的原型,而对于女人通过性交战胜男人这一效果的觉察,对于她由此而变得强大的顾虑,也许为这种焦虑的蔓延提供了解释。所有这些[心态],其中没有任何一部分是过时的,没有任何一部分不是继续活跃在我们当中。

[169]许多对现存的原始人进行观察的人士都得出了这样一种判断:这些原始人对于爱情的追求相对较弱,并且从未达到我们在文明人那里习惯发现的那种强度。另一些人则反对这种评判。不过无论如何,通过将女人视为异己的(fremd)和怀有敌意的而加以拒斥,上述禁忌习俗证明了一种与爱相互矛盾的力量的存在。

通过采用与精神分析惯用的术语相差甚微的说法,克劳利表示:每个个体通过一种"个人隔离的禁忌"(taboo of personal isolation)而与其他人区别开来,而正是这种除此之外都颇为相似[之人身上]的差别,奠定了他们之间的异己性(Fremdheit)和敌意性。遵从这种观点并且从"细微差别的自恋"(Narzißmus der kleinen Unterschiede)推导出敌意性——我们看到它在一切人际关系中都成功地斗过了归属感,并且胜过了普世性的爱人如己的诫命——这种做法是诱人的。通过参照阉割情结（Kastrationskomplex）及其在评价女性方面所具有的影响，精神分析相信自己猜中了[男人]自恋地、满怀鄙视地拒斥女人的一部分主要原因。

这时候我们却发现，我们已经随着最后这些思考超出了我们的主题。关于女性的普遍禁忌并未给针对年轻女性个体首次性行为的特殊规范提供任何线索。我们在此仍依赖于对血的恐惧以及对新生事物的恐惧这两种最初的解释，而即便对于它们，我们也必须说它们并没有切中上述禁忌法则的要害。这种禁忌法则背后的用意，显然是让日后的丈夫[170]错过或避免某样东西，而这样东西又无法与首次性行为分离开来——尽管按照我们一开始的观点，从这种[难分难解的]关系必然会推导出女人以一种特殊的方式和这个男人绑定在了一起。

探讨禁忌规则的起源和终极意谓并不是我们这次的任务。我在我的《图腾与禁忌》这本书中已经做到了这一点。作为禁忌的前提条件，一种原始的矛盾心理（Ambivalenz）在那里得到了强调，而禁忌的起源也从奠定人类家庭基础的史前过程方面得到了说明。从现今观察到的原始人的禁忌习俗中，无法再看出这样一种征兆。面对这种挑战，我们太容易忘记：即便是最原始的民族也生活在一种远离远古时代的文明当中，这种文明和我们的文明一样古老，并且无论如何都对应于一个尽管类型不同但同样较为晚近的发展阶段。

我们如今发现禁忌在原始人那里已经被编织成了一种高度艺术性的体系，正如我们的神经症患者在其恐惧症（Phobien）中所发展出来的那样，而且旧的动机被与之和谐共处的新动机所取代。不理会那些发生学问题的我们，为此追溯到了这样一种洞见：原始人在哪里搬出一个禁忌，他就在哪里回避一种危险。一般而言，这种危险是一种心理上的危险，因为原始人并没有被迫做出在我们看来天经地义的这种二分。他并不区分物理上的危险和心理上的危险、现实的危险和想象的危险。在其贯彻到底的有灵论的（animistischen）世界观中，每种危险都源自和他一样有灵魂的存在者的敌意，这既适用于受到一种自然力量威胁的危险，也适用于来自他人或动物的危险。另一方面，他习惯于把他自己内心带有敌意性的活动[171]投射（projizieren）到外部世界中去，由此把这些活

59

动归于他觉得不讨人爱的甚至仅仅只是异己的对象身上。女人现在也被视为这种危险的来源，而与女人的首次性行为[则更是]突显为具有一种特别高的危险性。

我现在相信，倘若我们更加细致地研究生活在我们文明现阶段的女性在相同情境下的表现，那么我们就会在这种加剧的危险是哪一种以及为何它恰恰威胁到日后的丈夫这些方面得到一致的解释。我提前透露一下这项研究的结果：这种危险确实存在，因此原始人才用处女身份的禁忌来抵御一种正确预感到的、尽管是心理层面的危险。

女人在交合过后由于高度满意而紧紧抱住压着她的男人，我们将此视为一种正常反应，我们在其中看到了她感激的表达和长期依附的承诺。不过我们知道，从原则上来说，第一次交合绝对不会有这样的结果。对于依旧保持冷淡和不满的女人而言，它往往意味着一次失望，并且通常需要更长的时间和更频繁地重复性行为，才能够让女人也在其中获得满足。从这种纯粹是起始性的并且是过渡性的性冷淡（Frigidität），到一种长期持续的性冷淡——它无法通过男人的任何温情努力被克服——令人不快的后果，二者之间有一个连续不断的系列。我相信，女人的后一种性冷淡依然没有得到充分的理解，而除了必须归咎于丈夫性能力不足的情况之外，它或许可以通过与之近似的现象得到解释。

我在此不打算尝试用逃避首次性交[来作为解释]，这一类的尝试太常见了，[而我不打算这么做是]因为[172]这些尝试有多重含义，并且即便不完全是但也首先是因为它们会被理解为女性普遍的自卫倾向的表现。相反，我相信某些病理性的情况会为女性性冷淡之谜提供线索，而女性在这些情况下会在第一次以及每次最近的交合之后通过指责、举手抗议或者大打出手来公开表达她对男人的敌意。在我得以深入分析的这样一例突出情况中，就发生了这种事情，尽管妻子很爱丈夫，习惯主动提出交欢，并且在他身上找到了不容否认的高度满足。我认为，这种奇特的矛盾反应是她习惯上只能作为性冷淡体现出来的[心理]活动的结果，也就是说这些[心理]活动能够阻挠温情的反应，同时其自身并不产生效果。在远为常见的性冷淡那里结合在一起联手发挥抑制作用的东西，在病理性的情况下可以说分裂成了它的两个组成部分，这和我们长久以来在强迫性神经症那里见识到

61

的所谓"双相"(zweizeitigen)症状如出一辙。让女人破处行为的危险在于引发了女人的敌意,而日后的丈夫恰恰完全有理由避免这种敌意。

[精神]分析现在让我们毫无困难地猜到女人的哪些活动参与促成了那种矛盾表现,而我期待在这种矛盾表现中找到对性冷淡的解释。首次交合把一系列与女性应有的态度不符的活动调动了起来,其中有一些活动在日后的交合中不必重复出现。人们在此首先会想到年轻女性在破处时所遭受的痛苦,很可能会倾向于把这个因素[173]视为决定性的,而放弃寻找其他因素。然而,人们很难赋予痛苦这样一种重要性,毋宁说必须用对自恋的伤害来取代痛苦,而这种对自恋的伤害源于对一个器官的破坏,并且它甚至还在知识领域被合理表达为破处后性价值(sexuellen Wertes)的贬损。不过原始人的结婚习俗却包含着对这种高估的警示。我们听说,在很多情况下仪式分为两个阶段,在(用手或工具)完成对处女膜的破坏之后,接着还有与丈夫的代理人仪式性的交合或假装交合。这就告诉我们,回避解剖学上的破处,这一点并未穷尽禁忌规则的含义,丈夫还应避免妻子对于痛苦创

伤的反应之外的其他东西。

我们发现下面这点是首次交合所导致的失望更进一步的根源:至少在有教养的女人那里,期待和满足不可能一致。性交在此之前一直都和禁忌最紧密地联系在一起,合法的并且被允许的性交因此并没有如其所是地被感受到。在实际上并无必要也未预见到任何抗议的情况下,很多新娘都会以一种近乎喜剧的方式在所有陌生人甚至父母面前隐瞒新的爱情关系,这就表明上述这层联结到底可能有多么紧密。女孩通常会说,如果她的爱情被别人知道了,那么它对她而言就失去了价值。有时候这种动机会变得占有压倒性,并且会使得爱的能力在婚姻关系中的发展彻底受阻。妻子只有在一种不被允许的、需要保密的关系中才能重新找回她的温情感受,她只有在这种关系中才更确切地了解自己没有受到影响的意志。

[174]然而,这种动机依然不够深入。此外,由于和文明这个条件绑在一起,它与原始人的状态之间缺失了很重要的一层关系。下面这个因素远比它重要,这个因素是以力比多发展历史为基础的。力比多最早的分配是

多么有规律又多么强有力,这点是通过[精神]分析的发现而为人所知的。这里涉及到的是童年期所坚持的性愿望(Sexualwünsche),在女性那里多半涉及到的是对父亲或者对替代父亲的兄弟的力比多固着。这些愿望所指向的往往是交合之外的其他东西,或者仅仅是把交合作为没有得到确认的目的包括进来。丈夫可以说永远只是一个替代者,从来都不是正宗人选,女性爱情力量的第一乐章献给了另一个人(典型情况下是父亲),丈夫最多只能享有第二乐章。替代者是否会作为无法令人满意的[人选]而遭到拒斥,这点现在取决于这种固着有多么强大以及它有多么胶着。性冷淡于是跻身于神经症发生学条件的行列当中。在妻子的性生活方面,精神性的因素越强大,她的力比多分配就越会表现出对首次性行为所带来的冲击的抗拒,她对身体的控制也就越难以发挥压倒性的作用。性冷淡在这之后可以作为神经症性的抑制(neurotische Hemmung)固定下来,或者可以为发展出其他神经症提供土壤,甚至男性能力哪怕只要有中等程度的衰弱也会大大促成这种后果。

原始人把破处[这项任务]交给长者、祭司、圣人,也就是父亲的替代者(见上文),这种习俗似乎把早先的性愿望这一动机考虑了进来。在我们看来,由此就可以一路通往中世纪领主广受争议的"初夜权"(Ius primae noctis)。A. J. 斯托佛(Storfer)①[175]支持这一观点,此外还把广为流行的"多俾亚婚礼"(Tobiaseh)制度(新婚头三天节欲的习俗)解释为对父权制特权的一种承认,正如卡尔·古斯塔夫·荣格(C. G. Jung)在他之前就已经提出的那样。因此,如果我们在被委以破处重任的父亲替代者当中同样发现了神的形象,那么这完全是我们预料当中的。在印度的很多地方,必须用木质的林伽(Lingam)来牺牲新娘的处女膜,而根据圣奥古斯丁的说法,在罗马人的结婚仪式中(是否在他那个时代?)存在经过淡化处理的这种仪式,年轻的妻子只要在男性生殖神(Priapus)硕大的石祖(Steinphallus)上坐一下就行了。②

---

① 原注:Die Bedeutung des Vaters für das Schicksal des Einzelnen. (*Jahrbuch für Psychoanalyse*, I, 1909.)["父亲对于个体命运的意谓",《精神分析年鉴》第一期,1909]。

② 原注:Ploß und Bartels : *Das Weib* I, XII, und Dulaure: *Des Divinités génératrices*. Paris 1885 (réimprimé sur l'édition de 1825), p. 142 u. ff. [普罗斯与巴尔特斯,《女人》第一卷,第十二卷;以及杜劳尔《生殖神》,巴黎,1885(在1825年版基础上重印),142页及以下]。

另一层动机触及到了更深的层面，[人们]可以证明它在对于丈夫的矛盾反应方面负主要责任，而根据我的观点，它在妻子的性冷淡方面也发挥了作用。首次交合在女人身上激起了上述活动之外的其他旧有的活动，而这些活动与女性的功能与角色完全相悖。

通过对许多神经症女性的分析，我们得知她们经历了一个早期阶段，她们在这个阶段嫉妒兄弟男性的标志，并且因为自身的缺失（根本上是其男性标志的萎缩）而感觉受到歧视和冷落。我们把这种"阴茎嫉妒"（Penisneid）纳入到了"阉割情结"中。如果我们把"男性的"理解为在这背后有成为男性的愿望，那么阿尔弗雷德·阿德勒（Alf. Adler）所打造的"男性抗议"（männlicher Protest）这个说法就适用于这种表现，而他打造这个说法是为了申明该因素要完全为神经症负责。在这一时期，女孩们毫不掩饰她们对于受到宠爱的兄弟的嫉妒以及由此而来的敌意：她们也试着[176]像兄弟一样站着撒尿，为的是维护其所谓的平等权利。在之前已经提到的例子——在交合之后对平时爱恋的丈夫大打出手——当中，我可以确定这个阶段位于对象选择之前。小女孩的力比多仅仅是后来才转向父亲,随后她又用对一个孩子的愿望取代了对阴茎的愿望。①

即便我发现在别的情况下这些活动的时间顺序是颠倒过来的,并且阉割情结的这一部分直到已完成的对象选择(Objektwahl)过后才发挥作用,我也不会感到惊讶。不过,女人的男性阶段——在此期间她嫉妒男孩的阴茎——无论如何都是发展史中的一个较早的阶段,并且更靠近原始自恋(ursprünglichen Narzißmus)而非对象选择。

前一段时间,我偶然有机会去了解一位新婚妇女的梦,这场梦可被认为是对于她破处的反应。它不自觉地吐露了女人阉割年轻的丈夫并把他的阴茎占为己有的愿望。当然,[对于这个梦]也有无伤大雅地加以诠释的余地,即她的愿望是延长和重复[性]行为。然而梦的很多细节都超出了这层含义,而且梦者的性格及其后来的

---

① 原注:参见:Über Triebumsetzungen insbesondere der Analero-tik. *Intern . Zeitschr . f . PsA* . IV, 1916/17, [Bd. X. dieser Gesamtaus-gabe]. ("论冲动的转化——特以肛门爱欲为例",《国际精神分析期刊》第四期,1916/1917,本《全集》第十卷)。

举动都为前一种更加严谨的解释提供了证据。在这种阴茎嫉妒背后，女人对于男人满怀敌意的苦恨(Erbitterung)如今浮出了水面，这种苦恨在两性关系中从未被低估过，并且在对于"获得解放的女性"的渴望以及与此相关的文学作品中有着最明显的迹象。费伦奇(Ferenczi)——我不清楚他是否为[提出以下观点的]第一人——在一种古生物学的思辨中把女人的这种敌意性一直追溯到了两性分化的时期。[177]他认为，起初交配发生在两个彼此相当的个体之间，其中有一方[后来]发展得更强大，并且迫使较弱的一方忍受性的结合。这种低人一等的苦恨依然在女人如今的秉性中延续。我认为运用这些思辨无可指摘，只要人们避免过于高估它们就可以了。

女人对于破处的矛盾反应有迹可循地延续到了性冷淡当中，而在列举完这类矛盾反应的动机之后，人们可以概括起来说：女人不成熟的性欲被发泄到了让她初次体验性行为的那个男人身上。如此一来，处女身份的禁忌就意味深长，并且我们也就理解了这项规定，它正是为了让和妻子长期生活在一起的丈夫避免这种危险。在较高级的文明阶段，对这种危险的重视让位给了依附的承诺以及其他的动机和诱惑，处女身份被视为男人不该放弃的一项财产（Gut）。然而，对于问题婚姻的分析却告诉我们，驱使女人对破处采取报复的动机即便在有教养的女人那里也仍未消失殆尽。我认为，女人在第一次婚姻中保持性冷淡并且感到不幸，而在结束这场婚姻之后却在第二位丈夫那里变成了一位温柔体贴而又令人幸福的妻子，这样的情况数不胜数，观察者们一定注意到了。旧时的反应可以说在第一个对象那里穷尽了。

不过，处女身份的禁忌在我们的文明生活中也没有消失。民众的心里了解它，并且诗人们有时也会利用这些素材。安曾克鲁勃（Anzengruber）在一部喜剧中展现了一名单纯的乡村男青年是如何阻止自己与许配给他的新娘[178]成亲的，因为她"是一位会把她的第一个男人的生命耗尽的女孩"。他同意她嫁给另一个人，并且愿意迎娶后来成为寡妇的她，而那时候她就不危险了。《处女之毒》（*Das Jungferngift*）这个剧名让人想起弄蛇人会先让毒蛇咬一块手帕，这样一来就可以毫无危险地把玩它了。①

　　处女身份的禁忌以及对其动机的一部分说明在赫贝尔(Hebbel)的悲剧《朱迪特与霍洛费纳斯》(*Judith und Holofernes*)中的朱迪特这个著名戏剧人物身上得到了最有力的体现。朱迪特是一位处女身份受到禁忌保护的妻子。她的第一任丈夫在新婚之夜出于一种神秘的焦虑而不举,并且不打算再碰她。她说:"我的美是颠茄,享用它会带来疯狂和死亡"。当亚述将军兵临城下的时候,她心生一计,想要用她的美貌引诱他并损耗他的精力,这样就以性为幌子掩饰了她爱国的动机。在被孔武有力、吹嘘自己的强大与放肆这个男人破处之后,她在愤恨之中找到了把他的头一刀砍下的力量,因此成了她人民的女性

---

　　① 原注:尽管情境方面有所偏差,亚瑟・施尼兹勒(Arthur Schnitzler)的一篇大师级短篇小说《冯・莱曾伯格将军的命运》(*Das Schicksal des Freiherrn v. Leisenbogh*)却依然值得被列在这里。一位恋爱经历丰富的女演员,她的一位追求者因为一场意外而遇难,而通过向他之后第一个占有她的男人发出死亡的诅咒,他仿佛给她制造了一种新的处女身份。陷入这个禁忌中的女人在一段时间内不敢再有情事。然而,在她爱上一位男歌手之后,她有了这样的打算,即先送给苦苦追求她多年而不得的冯・莱曾伯格将军一夜良辰。等他刚领会这段意外的桃花运背后的动机,对其造成[致命]打击的诅咒也在他身上应验了。

解放者。众所周知,斩首在我们看来是阉割的象征性替代,如此一来朱迪特就成了这样的女人,她阉割了让她破处的男人,就像我之前所说的一位新婚妇女的梦想要[表达]的那样。赫贝尔显然故意给出自《旧约·经外书》的这个爱国主义故事染上了性的色彩,[179]因为在那里,朱迪特在返回之后可以自诩未被玷污,《圣经》的经文中也缺少关于她离奇的新婚之夜的任何暗示。不过,赫贝尔很可能凭借其诗人的敏感老练觉察到了在这段有偏向性的叙事中已经绝迹的原始动机,而只不过是为材料复原了其早先的内容。

伊西多·萨德格尔(I. Sadger)在一篇杰出的分析中成功表明,赫贝尔在他的选材方面是如何被他自己的双亲情结所决定的,以及他在两性的斗争中何以通常会站在女性这一边,并对她们最隐蔽的内心活动心领神会。①他还援引诗人自己对于插入某些改动所给出的理由,并且发现这种理由经过了合理的人为加工,仿佛旨在为诗

① 原注: Von der Pathographie zur Psychographie. *Imago*, I.,1912. ("从病理图表到心理图表",《意象》第一期,1912)。

人自己无意识(Unbewußte)的某样东西进行仅仅是表面上的辩护,而根本上则是要掩盖它。按照圣经的叙述是丧偶的朱迪特为何会变成少女寡妇,对此我无意改动萨德格尔所做的解释。他暗示的是下面这种童年期幻想的意图,即否认父母性交并让母亲成为守身如玉的少女。不过我要继续说:在诗人确定了他女主人公的少女身份之后,他让人心领神会的幻想停留在了处女身份受到侵害所引发的敌对反应上。

我们于是可以下结论说:破处不仅具有把女人长久绑定在男人那里这种文化上的结果,它还激起了[女人]对于男人的一种旧时的敌对反应,这种反应有可能采取病理性的形式,而这些病理性的形式往往会通过夫妻爱情生活中的抑制现象表现出来,并且我们可以把二婚往往比一婚更好归结于这一点。令人诧异的处女身份的禁忌,[180]使得原始人当中的丈夫要避免[为妻子]破处的恐惧,就在这种敌对反应中找到了充分的合理解释。

现在有趣的是,身为[精神]分析师的人有可能遇到下面这种女人:依附和敌意这两种相互对立的反应在她们身上都得到了体现,并且二者始终非常紧密地联系在一起。存在这样的女人，她们看起来和丈夫彻底闹崩了，却只能为了摆脱他而做着徒劳的努力。她们常常试着把自己的爱转向其他男人，可她们已不再爱的第一个男人的形象却从中作梗。[精神]分析接着告诉我们，这些女人依然处在与第一任丈夫的依附关系中，尽管这并非出于温情眷恋。她们并没有从他们那里得到自由，因为她们并没有完成对他们的报复。在突出的情况下，寻仇的[心理]活动甚至没有进入到意识中。

自恋引论(1914)[①]

I

[138]"自恋"这个术语源于临床上的描述,并且在1899年被保罗·奈克(P. Näcke)选中,用来命名这样一种表现:个体以类似于通常对待一个性对象的方式来对待自己的身体,因此是带着性快感来检视它、触摸它、爱抚它,直到他通过这种举动达到了充分的满足。发展到

① 译注:原文标题 Zur Einführung des Narzißmus. 译自 Sigmund Freud. *Gesammelte Werke* (*G. W.*)Band X. London: Imago, 1946. (西格蒙德·弗洛伊德,《全集》第十卷,伦敦:伊玛格,1946)。

这种程度,自恋就有了一种性倒错(Perversion)的意味,它占据了当事人的整个性生活,并因此与我们在关于一切性倒错的研究中都预期会遇见的[那些特征]相符。

接下来引起精神分析观察注意的是,可以在许多受到其他紊乱困扰的人身上——例如根据萨德格尔的说法,在同性恋者身上——发现自恋表现的某些特征,并且最终人们很容易猜测,一种被称为"自恋"的力比多分配可以在一个更广的范围内得到考察,并且可以在人类常规的性欲发展中占据一席之地。[①] 在神经症患者身上开展精神分析工作的困难,从这种困难出发得出了相同的猜测,因为神经症患者自恋的表现仿佛给精神分析工作的疗效设置了一道界限。自恋在这个意义上不是性倒错,而是[139]对于自保冲动的自我中心主义(Egoismus des Selbsterhaltungstriebes)的力比多补充,而任何生命体都有权被赋予一部分自保冲动。

致力于对一种原初的且正常的自恋进行设想的强烈

---

① 原注:O. Rank, Ein Beitrag zum Narzißmus. *Jahrbuch f. psychoanalyt. Forschungen*, Bd. III, 1911.(奥托·兰克,"关于自恋的一篇献文",《精神分析研究年鉴》第三卷,1911)。

动机，于是就作为在力比多理论的预设之下来理解早发性痴呆（Dementia praecox，克雷丕林［Kraepelin］）或精神分裂（Schizophrenie，布洛伊勒［Bleuler］）的尝试出现了。我建议将其命名为"妄想痴呆患者"（Paraphreniker）的这类病人，他们展现出了两个基本特征：自大妄想（Größenwahn）以及对于外部世界（人和物）不感兴趣。由于后面这一种变化，他们让精神分析失去了效果，成了我们的努力所无法医治的［病人］。不过，妄想痴呆患者对于外部世界的回避需要一种更精确的说明。癔症患者（Hysteriker）和强迫性神经症患者（Zwangsneurotiker），他们一旦发病也会放弃与现实之间的关系。［精神］分析却表示，当事人绝对没有取消与人和物的爱欲关系。他依然将这种关系牢牢保留在幻想中，也就是说他一方面用他记忆中想象的（imaginäre）对象替代了现实的（realen）对象，或者将它们混为一谈；另一方面他又放弃采取行动来在这些［现实的］对象身上实现其目的。只有针对这种情况，人们用荣格未做区分就加以使用的"内倾"（Introversion）这个表达才合适。妄想痴呆患者则是另一种情况。这类患者似乎真正从外界的人和物上撤回了他的力比多,而没有用他幻想中的其他东西来替代外界的这些东西。如果哪里有这种[进行替代的]情况发生,那么[这种替代]似乎就是继发的(sekundär),并且属于一种治疗的尝试,这种尝试想要把力比多带回到对象上去。①

[140]这样就有了一个问题:在精神分裂的情况下,从对象上撤回的力比多的命运如何? 这种状态下的自大妄想在此为我们指明了道路。它肯定是以牺牲对象力比多(Objektlibido)为代价而产生的。从外界撤回的力比多被提供给了自我,于是就产生了我们可称之为"自恋"的一种表现。不过,自大妄想本身并非是新的创造,而是对先前已经存在过的一种状态的夸大和彰显,正如我们所知道的那样。由此就让我们得出了以下结论:通过吸纳对象投注(Objektbestzungen)而产生的自恋,它要被理解为继发的,它建立在一种原初的(primären)、由于种种

---

① 原注:关于这一立论,请参见[本人]对于施瑞伯庭长(Senatspräsidenten Schreber)的分析中关于"世界末日"的讨论。*Jahr-buch*, Bd. III [*Ges. Werke*, Bd. VIII], 1911.(《年鉴》第三卷/《全集》第八卷,1911)。可进一步参见 Abraham, Die psychosexuellen Differenzen der Hysterie und der Dementia praecox. 1908. (*Klinische Beiträge zur Psy-choanalyse*. S. 23 ff.)[亚伯拉罕,"癔症与早发性痴呆的心理性欲差异",1908,《精神分析临床文献》,23 页以下]。

影响而变得晦暗不明的自恋之上。

我要再次申明,我在此无意对精神分裂的问题进行解释或深化,而是要把在别处已经说过的内容汇集起来,以便解释为何要引入"自恋"。

对力比多理论进行这种在我看来是合法的拓展,第三条渠道就是我们对于儿童以及原始民族心理生活的观察和理解。我们在原始民族那里发现了这样一些特征,它们要是单独来看的话可以被算作自大妄想:对于其愿望及其精神活动的一种过度拔高,"思维的全能性"(Allmacht der Gedanken);对于词语魔力的一种信仰;针对外界的一种技艺即"巫术"(Magie),它似乎是这些热衷于夸大的预设顺理成章的应用。① 我们预期在我们这个时代的儿童那里[可以发现]一整套类似的态度,它们的发展在我们看来要模糊得多。② 我们[141]于是就设想了一种对于自我的原始力比多投注,这种投注后来被转交给

────────────

① 原注:参见我 1913 年出版的《图腾与禁忌》一书中相应的章节 [Ges. Werke, Bd. IX].(《全集》第九卷)。

② 原注: S. Ferenczi, Entwicklungsstufen des Wirklichkeitssinnes. *Intern. Zschr. f. PsA.* I, 1913.(桑多尔·费伦奇,"现实感的发展阶段",《国际精神分析期刊》第一期,1913)。

了对象,不过总体而言依然保留[在自我中],而它与对象力比多的关系就好比一个原生动物的(Protoplasmat-ierchens)身体与其伸出去的伪足(Pseudopodien)之间的关系。在我们从神经症症状出发所做的研究当中,这部分力比多分配最初一定保持隐蔽。只有力比多的这种流出、只有划拨出去并且可以再次回收的对象投注引起了我们的注意。我们也大致看到了自我力比多(Ichlibido)与对象力比多之间的一种对立。哪一方消耗得越多,另一方也就越贫瘠。等到对象力比多发展到了最高阶段,在我们看来就是迷恋的状态,我们可以说这是为了对象投注而放弃其自身的人格,而它的对立面则是妄想狂(Paranoiker)关于世界末日的幻想(或自我感知)。① 最终,我们在精神能量(psychischen Energien)的区分方面得出了以下结论:它们起初在自恋状态中都在一起,并且我们的粗略分析无法将它们区分开来,而直到随着对象投注[的发生],一种性能量(Sexualenergie)即力比多才

① 原注:这种世界末日存在两种机制:全部的力比多投注都倾注在所爱的对象上,以及全部的力比多都回流到自我当中。

得以与自我冲动的一种能量区分开来。

在我更进一步之前，我必须触及两个问题，它们直捣这一主题的要害。其一，我们现在所探讨的自恋，它和我们曾将其描绘为力比多的一种早先状态的自淫（Auto-erotismus）之间是什么关系？其二，我们如果将一种原初的力比多投注判给自我，那么到底是否还有必要区分一种性欲力比多和自我冲动的一种非性欲的能量？若是以一种单一的精神能量为基础，不就可以[142]避免区分自我冲动能量与自我力比多、自我力比多与对象力比多的一切困难了吗？对于第一个问题，我要说明的是：有必要假设，像自我这样一个统一体，并非一开始就存在于个体那里。自我必须是发展出来的，自淫的冲动却是原始的。为了形成自恋，必须有某样东西、有一种新的精神活动加诸自淫之上。

要以斩钉截铁的方式来回答第二个问题，这个要求想必在每一位精神分析师那里都会引发明显的不适。只要人们反对为了无谓的理论争执而放弃观察，那么就依然可以尝试给出一番解释。关于一种自我力比多、自我冲动能量等等的设想，肯定既不特别明确，也算不上内容丰富;涉及到相关关系的一套思辨理论首先应当以一个明确界定的概念为基础。但我认为,这才是一套思辨理论与一套建立在经验解释基础上的科学之间的差异。后者并不否认思辨有特权进行一种直截了当的、逻辑上无懈可击的奠基工作,然而思辨却可能满足于那些消失在迷雾中的、几乎难以设想的基本观念(Grundgedanken)。这种科学则希望在其发展的过程中更加明确地理解这些观念,有时候甚至准备好用其他观念来替代它们。这些观念并非科学的一切所依赖的基础,而观察才是这样的基础。这些观念不是整个结构的最下层,而是最上层,并且可以在[保持整个结构]完好无损的情况下替换或者打破它们。我们在我们今天的物理学上再次经历了类似的情况,它关于物质、重心、引力以及类似东西的基本直觉并不比精神分析中相应的东西更少引发人们的疑虑。

[143]自我力比多、对象力比多,这些概念的价值在于它们源自对神经症以及精神病进程内部特征的研究。将力比多划分为一种专属于自我的和一种依附于对象的,这是对于区分性冲动与自我冲动这种最初设想的必然延续。至少对于纯粹的转移神经症(Übertragungsneu-

rosen)(癔症与强迫症)的分析使得这种区分成为必要，并且我只知道，用其他方式来对此进行解释的一切尝试根本上都宣告失败。

考虑到[目前]完全缺少一套具有导向作用的冲动学说，我们就获准或者更确切地说就不得不首先将某种假设贯彻到底，以便对其进行检验，直到它宣告失败或经受住了考验。除了[精神]分析所适用的转移神经症之外，现在还有许多理由支持区分性冲动与自我冲动。我承认这些元素单独来看并非无可置疑，因为可能涉及到尚未分化的精神能量，而这种能量直至凭借对象投注的行动才得以变成力比多。不过，这种概念上的区分首先符合民间非常流行的饥饿与爱的区别。其次，生物学方面的考察也支持做出这一区分。个体实际上承载着一种双重的存在，既作为其自身的目的，也作为链条中的一环——尽管它不愿如此，或者至少是不自觉地如此。它为了自身的目的而掌控着性欲，而另一种观察却表明，它只不过是其种质（Keimplasmä）的附庸，为了一份快乐的报酬而为其效力；它只不过是一种也许是不死物质（unsterblichen Substanz）的有死载体（sterbliche Träger），就像长子只不过是比他更"长寿"的一份遗产暂时的继承人。性冲动与自我冲动的区分只是为了反映出个体的这种双重功能。其三，人们必须[144]回想起来，我们在心理学上的一切权宜之计，有朝一日都应该以器质性的载体为依据。于是有可能是特定的物质或化学过程产生了性欲的效果，并且作为中介让个体生命在族类生命中延续下去。通过以特定的精神力量来替换特定的化学物质，我们将这种可能性纳入到了考虑当中。

尽管我通常致力于让包括生物学在内的所有其他[领域]的思想都与心理学保持距离，但我在这里明确承认，关于得到区分的自我冲动与性冲动的假设，进而至少是建立在心理学基础上的[我的这套]力比多理论，根本上都得到了生物学方面的支持。如果从精神分析的工作本身当中得出了另一种更好的、有价值的关于冲动的预设，那么我放弃这种假设倒也合情合理。但迄今为止还没有出现这种情况。于是可能[有人会认为]性能量、力比多说到底只是通常在精神中起作用的能量的一种分化产物。不过这种主张无关紧要。它涉及到的东西已经远离了我们所观察的问题，并且我们对其所知甚少，以至于驳斥它和利用它一样都是无谓的。与此相似,这种原始同一性(Uridentität)与我们[精神]分析的关切没什么相干,正如人类的原始血缘关系和遗产机构所要求的继承人资质证明没什么相干一样。我们通过这些思辨得不到任何东西。由于我们无法等到另一门科学来为我们裁定冲动学说,因此尝试[探究]通过对心理现象进行一种整合[145]可以为生物学上的那个根本谜团提供哪种线索,[这种做法]就更为可取。让我们相信自己有犯错的可能,但也别妨碍自己将之前提到的关于自我冲动与性冲动这样一个对子的假设贯彻到底,无论它是否可以不带矛盾且富有成效地展开,也无论它是否可以运用到例如精神分裂症这样的其他疾病上。

假如有证据表明力比多理论在解释上述最后一种疾病方面失败了,那么情况自然另当别论。卡尔·古斯塔夫·荣格就提出了这种主张[1],并且让我由此不得不摊出底牌,而我本来想要避免这样。我本来倾向于把分析

---

[1] 原注:Wandlungen und Symbole der Libido. *Jahrbuch für psa. Forschungen*, Bd. Ⅳ,1912.("力比多的变形与象征符号",《精神分析研究年鉴》第四卷,1912)。

施瑞伯(Schreber)个案的路子走到底,并且不去谈论它的预设。荣格的主张至少属于一种"早熟",他的理据薄弱。他首先引用我本人的证词,亦即我在面对分析施瑞伯的困难时,发现不得不拓宽"力比多"这个概念,也就是放弃其性的内容,让力比多与精神兴趣(psychischem Interesse)完全重合。费伦奇(Ferenczi)已经在对荣格工作的一次彻底批判中对这种错误解释进行了纠正。① 我只能同意这位批判者并且重复[他的观点],即我并未许诺过要这样放弃力比多理论。荣格的另一个观点[也]是不可接受的,即正常的现实功能的丧失有可能仅仅只是力比多撤回所导致的。这不是一个论证,而是一种独断,它把结论先搬了出来而回避了讨论,因为恰恰[146]应当对此是否可能且何以可能加以探讨。在他接下来的一部大作②中,荣格对我长期向他暗示的解决方案只是一笔带过:"不过下面这点现在还需要加以考虑——此外弗洛伊德

---

① 原注:*Intern. Zschr, f. PsA.*, Bd. I, 1913.(《国际精神分析期刊》第一卷,1913)。

② 原注:Versuch einer Darstellung der psychoanalytischen Theorie. *Jahrbuch*, Bd. V,1913.("对精神分析理论的一次尝试性描述",《年鉴》第五卷,1913)。

在他关于施瑞伯个案的工作中提到过这一点——即性欲力比多的内倾导致了对'自我'的一种投注,现实[功能]丧失的效果也是通过类似的方式产生的。以这种方式来解释现实[功能]丧失的心理学,这实际上是一种具有诱惑的可能性"。不过荣格并没有在这种可能性方面走太远。没过多久之后他就抛弃了它,并且表示这种条件"或许可以导致一位苦行隐士的心理,但不会导致一种早发性痴呆"。无论这种不当的类比[对于促成我们]做出决断[的可能性]有多么微乎其微,它都要告诉[人们]:这样一位隐士"努力根除性欲(不过是在'性欲'一词的大众意义上)方面兴趣的一切痕迹",甚至可以从来都不用展现出一种致病性的力比多分配。他想要把他性欲方面的兴趣彻底从人类身上转移开来,却依然可以把它升华成为对于神、自然、动物的更高级的兴趣,而不用让他的力比多向内倾注到他的幻想中或者回流到他的自我那里。这种类比一开始就忽视了源于爱欲的兴趣和其他兴趣的区分。让我们进一步回想一下,尽管瑞士学派(Schweizer Schule)的研究自有其值得称道的地方,不过它只对早发性痴呆情形中的两点给出了解释:因健康之人以及神经症患者而被熟知的情结(Komplexe)的存在,以及幻想的形成与民间[147]神话之间的相似性。不过这两点在患病机制方面却没有提供任何线索,因此我们可以拒斥荣格的主张,即力比多理论在[解释]早发性痴呆的形成问题上是失败的,并由此在解释其他神经症方面也走投无路。

II

[148]在我看来,某些特定的困难妨碍了对自恋进行一种直接的研究。我们通往自恋的主要渠道仍旧是对于妄想痴呆的分析。正如转移神经症让我们得以追踪力比多的冲动活动,早发性痴呆与妄想狂也让我们在自我心理学(Ichpsychologie)方面有所洞见。我们必须再次从病理性的扭曲和粗糙化(Vergröberungen)出发来猜测看似简单的正常情况。毕竟我们还有其他一些途径可以认识自恋,我现在把它们按顺序罗列出来:对于器质性疾病的观察,疑病症(Hypochondrie)以及两性的爱情生活。

我关于器质性疾病对力比多分布影响的考察,受到了桑多尔·费伦奇的一次口头上的启发。众所周知并且在我们看来不言而喻的是，受到器质性的痛苦以及不适感折磨的人放弃了对于外界事物的兴趣，而这些事物总体上与他的病痛并不相干。更加细致的观察告诉我们，他也从他爱的对象那里撤回了他的力比多兴趣。只要他还承受着痛苦，他就停止爱它。这一事实的平庸无奇却不妨碍我们用力比多理论的表达方式来转述它。于是我们会说：病人将其力比多投注收回到了他的自我那里，以便在康复之后再次向外投注。[149]饱受牙痛之苦的诗人威廉·布施（W. Busch）说："灵魂只停留在牙齿的窄缝里"。力比多与自我兴趣在这方面有着相同的命运，它们再次难分彼此。病人出了名的自我中心主义（Egoismus）涵盖了二者。我们发现这种自我中心主义是如此地不言而喻，因为我们确信自己在同样的情况下也会这么做。由于身体方面的紊乱而受到惊吓的人突然用彻底的冷漠取代了爱的决心，喜剧中对此有相应的演绎。

与疾病相似，睡眠状态也意味着力比多的定位自恋性地撤回到了当事人自己那里，更准确地说是撤回到了要睡觉的愿望上。梦的自我中心主义很符合这种关系。

即便不计其余,在这两种情况下我们也都看到了力比多的分布由于自我的变化而发生变化的例子。

与器质性疾病一样,疑病症也表现出了痛苦和疼痛的身体感受,并且在对力比多分布的影响方面也与前者一致。疑病症患者将兴趣以及力比多——尤其是后者——从外界的对象那里收回,并且将二者都集中在他所关心的器官上。疑病症与器质性疾病的一大不同现在就凸显了出来:在后者那里,痛苦的感受是以可被证实的变化为基础的,在前者那里则不然。不过,如果我们决定说疑病症必然有它的道理,它并不缺少器官的变化,那么这也完全符合我们理解神经症过程的一般性框架。这种变化存在于哪个方面?

我们在此要让自己听从下面这种经验:与疑病症患者那里相似的不快乐的身体感受,这些感受在其他神经症那里也不少见。我[150]曾经一度公开表达过这样一种倾向,即要将疑病症列为神经衰弱(Neurasthenie)以及焦虑性神经症(Angstneurose)之外的第三种现实神经症(Aktualneurose)。如果人们说在其他神经症那里一般同时也会形成一部分疑病症,那么这个说法也不算离谱。

这点在焦虑性神经症以及在其之上建立起来的癔症那里看得最清楚。现在，任何发生了改变却又在通常意义上并未患病的器官，这种器官的模型就是处于兴奋状态的生殖器。于是它是充血的、肿胀的、湿润的，并且是多种感觉的所在之处。我们把一个身体部位将性兴奋的刺激注入心理生活的能力称为其"爱欲引发性"（Erogeneität），而考虑到关于性欲理论的思考长期以来已经让我们习惯了这样一种观点，即某些其他的身体部位——爱欲引发区（erogenen Zonen）①——可以代表生殖器并且像它那样运作，所以我们在这里只要再敢于向前迈出一步就够了。我们可以确定爱欲引发性是在所有器官上都可以看到的普遍属性，于是就可以谈论它在某一特定身体部位的增强或减弱。器官爱欲引发性的每一种变化，都可以

---

① 译注：通常译为"性感带"或"性敏感区"。实际上，erogene Zonen 中的修饰语 erogene 由 ero-（爱欲）以及-gen(e)（发生、起源）这两个词根构成，因此这个表述的本义乃是"引发爱欲的地带（区域）"。正如弗洛伊德本人在此所明确指出的那样，它的侧重点在于强调身体的相关器官或地带（区域）具有在心理层面引发爱欲的能力（"爱欲引发性"），而不在于强调它们对于生理刺激的敏感性。因此，尽管这个概念在外延方面与人们一般所说的"性感带"或"性敏感区"相重合，二者在内涵方面却依然存在重要差异，故从术语翻译的规范性与严谨性出发，还是应将其译作"爱欲引发区"。

引发自我当中力比多投注的相应变化。在这些元素当中，我们要去寻找疑病症的基础，以及在力比多的分布方面是什么可以具有器官的物理病症[所产生]的那种效果。

我们注意到，如果我们继续推进这一思路，我们就不仅会遇到疑病症的问题，而且会遇到其他现实神经症——神经衰弱与焦虑性神经症——的问题。因此我们想在这个地方停下。大举侵入生理学研究的领域并非一项纯粹心理学研究的意图所在。只提示一点：[151]从这里可以推断疑病症与妄想痴呆的关系类似于其他现实神经症与癔症以及强迫性神经症的关系，前两者依赖于自我力比多，正如其他几项依赖于对象力比多一样。出于自我力比多的疑病症焦虑可谓神经症焦虑的对应项。更进一步：如果我们已经熟练地将转移神经症的发病机制与症状形成机制——从内倾发展至倒退（Regression）——和对象力比多的一种滞留（Stauung）联系在了一起，那么我们也会倾向于设想自我力比多的一种滞留，并将其与疑病症以及妄想痴呆的现象联系起来。

我们的求知欲自然会在这里提出问题：自我当中的这样一种力比多滞留为什么必然会被感受为令人不快的？我将满足于给出下面这种回答：不快根本上是高度张力的表达，因此是物理事件的一种量（Quantität），它在这里和在其他地方一样，都在精神当中转化成了不快乐的量。[尽管如此，]对于不快乐的产生具有决定性的毕竟不是物理进程的绝对数量级，而更多是这种绝对数量级的某种特定功能。人们在这里甚至可以大胆质问：心理生活超出自恋的界限而将力比多投注给对象的必要性究竟何在？顺着我们的思路给出的回答将会再次表示：这种必要性就出现在力比多对自我的投注超出一定限度的时候。一种较强的自我中心主义可以保护自己免于患病，但人们最终为了不生病必须开始去爱。人们若是由于受挫而[152]无法去爱，那么就必定会生病。这似乎符合海因里希·海涅为创世的精神起源所设想的原型：

整个创造的动力，

疾病无疑是它最后的原因，

92

通过创造我可以痊愈,

通过创造我会变得健康。

　　我们在心理装置(seelischen Apparat)当中首先见识
了一种掌控兴奋的方式,否则这些兴奋就会被感受为令
人痛苦的,或者会变成实际上具有致病性的。精神加工
大大促进了下面这类兴奋的内部传导,对于这些兴奋无
法直接进行外部的卸载(Abfuhr),或者这种卸载目前并
不可取。至于这样一种内部加工是要落实到现实的对象
上还是想象的对象上,[心理装置]起初却漠不关心。只
是到后来才显示出了差异,转向不现实对象(内倾)的力
比多导致了一种力比多滞留。对于撤回到自我当中的力
比多进行一种类似的内部加工,就使得妄想痴呆那里的
自大妄想成为可能。有可能只是在受挫之后,自我当中
的力比多滞留才成了致病性的,并且开启了给我们造成
患病印象的[自发]治疗进程。

　　在这个地方,我想试着在妄想痴呆的机制方面更进
一步,并且把在我看来如今已相当可观的见解都罗列出
来。我认为这种疾病与转移神经症的区别就在于下面

这种情况,即由于受挫而变得自由的力比多并没有留在幻想中的对象上,而是撤回到了自我。自大妄想于是就相当于对这部分力比多的精神解决(psychischen Bewältigung),因此就相当于转移神经症向内倾注于形成幻想[的过程]。与这种精神机能的失灵相对应的是妄想痴呆的疑病症,它[153]与转移神经症的焦虑是对等的。我们知道,这种焦虑通过进一步的精神加工——也就是通过(躯体性)转换(Konversion)、形成反作用(Reaktionsbildung)、形成保护(Schutzbildung)(恐惧症)——是可以解决的。在妄想痴呆那里采取的是尝试性的修复(Restitutionsversuch)这种处理,对此我们要感谢那些引人注目的"患病现象"。由于妄想痴呆往往——如果不是大部分的话——只会造成力比多与对象的部分脱离,因此在其形态方面就要区分三组现象:1)遗留下来的常态现象或神经症现象(剩余现象);2)疾病进程(力比多与对象脱离,进而是自大妄想,疑病症,情绪紊乱,种种倒退)的现象;3)修复现象,而这种修复按照一种癔症的模式([其结果是]早发性痴呆,真正的妄想痴呆)或一种强迫性神经症的模式([其结果是]妄想狂)把力比多和对象重新连在了一起。这种新的力比多投注发生的水平和条件都不同于初始投注。在这种新的投注下创造出来的转移神经症,它们与正常自我的相应形成物之间的差异可以促使我们在心理装置的结构方面得出最深入的洞见。

* * *

人类的爱情生活在男人和女人那里的各种差异,让我们有了研究自恋的第三条途径。正如对象力比多起初遮蔽了我们对于自我力比多的观察那样,与此类似,在儿童(以及青少年)的对象选择方面,我们首先也注意到儿童的性对象源于其满足的经历。最初自淫式的性满足与生命所必须的、服务于自我保存的功能有关。性冲动起初以自我冲动的满足为依托,只是到了后来才独立于后者。不过,这种依托(Anlehnung)还体现在喂养、[154]照顾和保护孩子的人变成了最初的性对象,一开始也就是母亲及其替代者。除了人们可称之为"依恋型"(Anlehnungstypus)的这种对象选择的类型和来源之外，[精神]分析研究还见识了第二种类型，这是我们所始料未及的。我们发现有些人不是以母亲而是以自己为原型来选择其后来爱的对象，这在其力比多发展经历过一种紊乱的人——例如性倒错者和同性恋者——那里尤为明显。他们显然把自己作为爱的对象来寻找，展示了要被称为"自恋式的"对象选择类型。在这种观察中可以发现我们必须设想自恋[存在]的最强烈的动机。

我们现在并没有下结论说人类视其对象选择是依恋型还是自恋型便分裂成了泾渭分明的两个群体，而是宁愿设想每个人都有两条途径来选择对象，其中一条或另一条更受到青睐。我们说人有两个原始的性对象——他自己以及照顾他的女人——并因此而预设了每个人的原初自恋(primären Narzißmus)，而这种原初自恋有可能在他的对象选择方面表现出主导性的作用。

男人和女人在对象选择方面的比较体现出了一些差异，这些差异即便肯定不是成规律的，但也是基本的。整个依恋型的对象爱(Objektliebe)其实刻画了男人的特征。这种对象爱展现了对于性方面显著的过度拔高，这种过度拔高肯定源于童年期最初的自恋，并由此对应于从这种自恋到性对象的一种转移（Übertragung）。这种对性方面的过度拔高让迷恋的状态得以产生，而这种迷恋状态让人想到神经症式的强迫，后者要追溯到[155]自我为了对象而在力比多方面变得贫瘠。女人大多数的、或许是最纯粹也最真实的[对象选择]类型的发展轨迹则与此不同。在这方面，似乎随着青春期的发育，在此之前一直都处于潜伏状态的女性性器官发育成型，原始的自恋得以增强，而这不利于形成一种常规性的、对性方面过度拔高的对象爱。尤其是在往美的方向发展的情况下，女人产生了自我满足的心态，这就弥补了女人在自由选择对象方面所受到的社会限制。严格来说，这些女人只爱她们自己，而她们爱自己的强烈程度与男人爱她们的强烈程度相当。她们也不需要[主动]去爱，而是需要被爱，并且她们会让满足这一条件的男人称心如意。这种类型的女人对于人类爱情生活的重要性值得高度重视。这些女人向男人释放的极大魅力不仅源于审美方面——因为她们通常是最美的——而且源于有趣的心理情丛（psychologischer Konstellationen）。显而易见的是，一个人的自恋对于彻底放弃其自恋并追求对象爱的其他人而言展现出了巨大的吸引力。儿童的魅力有一大部分就基于其自恋、其自我满足性及其封闭性，正如表现得对我们漠不关心的某些动物——例如猫和大型捕食动物——的魅力一样，甚至文学作品中的大罪犯和幽默家也凭借自恋式的坚持——他们知道带着这种坚持来拒斥一切有损于其自我的东西——而让我们不得不对其感兴趣。仿佛我们嫉妒他们能够保持一种幸福的精神状态，一种坚定不移的力比多立场（Libidoposition），而我们自己从某个时候开始就放弃了这些。女人自恋的巨大魅力却[156]不缺少反面：大部分被爱的男人的不满，对于女人的爱的怀疑，对于女人本性之谜的抱怨，都可以在对象选择类型之间的这种不一致上找到其根源。

在对女性的爱情生活进行描述的过程中，确定我们绝无诽谤女性的倾向，这一点也许并非多余。除此之外，我也知道我们绝无下面这类倾向，即[认为]按照不同方向[发展]的这些形态对应于处在一种高度复杂的生物学关系中的功能分化。我打算进一步承认，有好些女人——具体比例不确定——是按照男人的类型去爱的,并且也展现出了属于该类型的对性方面的过度拔高。

即便对于自恋的并且对男人表现冷漠的女人而言,也有另一条途径通往满满的对象爱。在她们所生育的孩子身上,她们遇见了作为一个异己对象的自身的一部分,她们现在可以从自恋出发而将所有的对象爱都给予孩子。还有另外一些女人,她们不需要等待孩子[到来]就能在发展过程中迈出从(继发)自恋[(sekundären) Narzißmus]到对象爱的那一步。她们在青春期之前曾经觉得自己是男性,并且[自身]有一部分得到了高度男性化的发展。在这种趋势被女性[生理]成熟的出现打断之后,她们依然有能力向往一种男性的理想,这其实是男孩气质(knabenhaften Wesens)的延续,而她们自己就曾一度是假小子。

这些勾勒式的评论最终可以得出关于对象选择途径的一个简要概览:

1)自恋型的人爱:

a)自己所是的[那种人](他自己)

99

b）自己曾是的［那种人］

c）自己想是的［那种人］

d）曾是自身一部分的那种人

[157]

2）依恋型的人爱：

a）喂养他的女人

b）保护他的男人

以及从他们衍生出来的一系列替代者。

第一种类型中的c)情况只有通过后续说明才能得到合理解释。

自恋式对象选择对于同性恋的意谓则要留在其他关系中来考察。

我们关于孩子原初自恋的假设包含我们力比多理论的一条预设，而要证实这种假设，通过直接观察不如通过从其他地方倒推来得容易。只要将父母对于孩子的温情态度看在眼里，人们就必然会认为它是父母本人长期以来所放弃的自恋的复苏和复制。在对象选择方面，我们已将其作为自恋的痕迹而加以考察的"过度拔高"这一特征，众所周知是它主导着这种情感关系。于是就存在这样一种强迫，要把一切完美都归于孩子——冷静的考察却找不到任何这么做的理由——并且要掩饰并忘记他所有的缺陷，由此也要否认儿童性欲。可是还存在这样一种倾向：在孩子面前，人们迫使其自恋去低头承认的所有习得的文化知识都要被束之高阁，并且要重新[向孩子]许诺人们自己长期以来所放弃的特权。孩子应该比他的父母过得更好，他应该不用服从主宰着生活的那些必然性。疾病、死亡、放弃享受、个人意志受到限制，这些都不适用于孩子，自然和社会的法则都在他面前止步，他应该重新成为创世的焦点与核心。"他的宝贝陛下"（*His Majesty the Baby*），正如人们[158]一度认为自己所是的那样。他应该实现父母未能实现的梦想—愿望，[男孩要]替父亲成为一位伟人和英雄，[女孩要]嫁给一位王子来为母亲做迟到的补偿。自恋系统最难对付的地方，[就在于]被现实强行压制的让自我不朽（Unsterblichkeit des Ichs）[愿望]，它在孩子的庇护下找到了安身之处。感人至深的、根本上[却]是如此幼稚的父母之爱无异于父母重生的自恋，它在转化为对象爱的过程中明白无误地展现了其从前的本质。

III

[159]哪些紊乱打断了儿童的原始自恋,他又是通过哪些反应来抵御这些紊乱的,还有他因此被迫走上了怎样的道路,我想把这些作为一项重要工作的内容搁置起来,留待今后来完成。其中最重要的部分,人们将其作为"阉割情结"[男孩那里的阴茎焦虑(Penisangst),女孩那里的阴茎嫉妒]而予以强调,并且将其放在与早期性威胁(Sexualeinschüchterung)的关系中来处理。当力比多冲动脱离自我冲动并与之形成对立时,让我们得以追踪力比多冲动命运[轨迹]的精神分析研究,也让我们能够在这一领域对一段时期和一种精神情境进行倒推。而在这一时期和和这一情境中,两种冲动还一同处在一种尚未分离的混合状态,作为自恋兴趣(narzißtische Interessen)而出现。阿尔弗雷德·阿德勒从这种关系出发创造出了他的"男性抗议"[概念],并且他很快就将其提升为形成性格以及形成神经症唯一的冲动力量,同时他却并未将其建立在自恋性质的、因而始终还是力比多性质的趋势

之上，而是将其建立在一种社会评价之上。从精神分析研究的立场出发，"男性抗议"的存在与意谓从一开始就得到了承认，不过其自恋的性质以及源于阉割情结这一点，却对阿德勒提出了反对。它属于性格形成[的一个环节]，在性格的形成过程中与其他许多元素并肩而行，然而[160]却完全不适用于解释神经症问题。关于神经症问题，阿德勒除了注意到男性抗议是如何为自我兴趣服务的这一点之外，其他什么也没有注意到。无论男人的阉割情结在抵制神经症治疗的因素当中表现得多么强而有力，我都认为以阉割情结这个狭隘的基础作为神经症的源头是完全不可行的。我最终还见识过这样一些神经症案例，"男性抗议"或者我们意义上的阉割情结在其中并未发挥任何致病性的作用，甚至根本没有显露出来。

对于正常成年人的观察显示：其过去的自大妄想受到削弱，我们借以重构其幼年自恋的精神特征也变得模糊。他的自我力比多变成了什么？我们是否应当假设它被全额用于对象投注了呢？这种可能性显然有悖于我们整个探讨的思路。不过我们倒是可以从压抑的心理学（Psychologie der Verdrängung）那里获得回答另一个问题的线索。

我们了解到,当力比多冲动的活动与个体在文化以及伦理方面的观念(Vorstellungen)陷入冲突时,这些活动就会遭受到致病性压抑的命运。这绝不是说当事人对于这些观念的存在有一种完全是理智上的认识,而是说他始终承认它们对他而言具有规范作用,并且自己服从于出自这些观念的要求。我们说过,压抑出于自我。我们可以再加以明确:[压抑]出于自我的自尊(Selbstachtung)。同样的印象、经历、冲动(Impulse)、愿望活动,一个人可能会让自己沉湎于其中,或者至少对其进行有意识的处理,它们却会被其他人恼羞成怒地加以拒斥,甚至在被意识到之前就已经被扼杀了。二者之间的区别蕴含着压抑的条件,这种区别很容易用一种[161]可以通过力比多理论来加以把握的方式表达出来。我们可以说,一方在自己[内心]当中树立起了一种理想(Ideal),用它来衡量他当前的自我,而另一方却没有这种理想。从自我这一边来看,形成理想(Idealbildung)是压抑的前提。

实际的自我(wirkliche Ich)在儿时所享受的自爱(Selbst Liebe),现在适用于这种理想自我(Idealich)。自恋似乎转移到了这个新的、理想的自我上，后者与幼年的自我一样拥有一切宝贵的完美。正如在力比多的领域每每发生的那样，人类无法证明自己想要放弃一度享受过的满足。他不想失去他儿时自恋的完美，而由于在发展过程中受到告诫的影响并且唤醒了自己的判断，当他无法紧紧把握住这种完美时，他就试图以自我理想(Ichideal)这样一种新的形式来重新获得它。他作为理想投射到自己面前的，正是对其童年所失去的自恋的替代，而他在童年时期曾经就是他自己的理想。

可想而知，这种理想形成(Idealbildung)与升华(Sublimierung)之间的关系有待研究。升华是涉及对象力比多的一套程序，并且它就在于让冲动投入到其他的、远离性满足的目的中去，这里的重点就在于对于性(Sexuellen)的偏离。理想化(Idealisierung)是和对象有关的过程，对象借此而能够在不改变其性质的情况下，在精神上被放大和提升。理想化既可用于自我力比多的领域，也可用于对象力比多的领域。例如在性方面对于对象的过度拔高就是对于该对象的一种理想化。就升华所描述的东西与冲动有关而言，理想化则与对象有关，二者在概念上要加以区分。

自我理想的形成经常会与冲动的升华混为一谈，这妨害了我们的理解。[162]就算谁用他的自恋换来了对于一种崇高自我理想的敬仰，那他也不必非得为此成功地升华他的力比多冲动。自我理想尽管需要这种升华，它却无法强求。升华始终是一套特殊的程序，它可能由理想所推动，但其贯彻实施却始终完全独立于这种推动。人们恰恰在神经症患者那里发现，自我理想的形成与其原始力比多冲动升华的程度，这二者之间存在着极具张力的差异性。并且，一般而言，说服理想主义者[改变]对其力比多的不当定位，要比说服一个简单的、在其诉求方面容易满足的人难得多。理想形成与升华在引发神经症方面的关系也是各种各样。正如我们所听说过的那样，形成理想强化了自我的要求，并且最有力地促成了压抑；升华所描绘的则是这样一条出路：在条件满足的情况下，它可以不带压抑地进行。

确保从自我理想出发对自恋式的满足进行监视，而且为了这个目的不断对当前的自我进行观察并用理想来衡量它——如果我们发现了履行上述这项任务的一种特殊的精神机制，那么也不必惊讶。如果存在这样一种机制，那么我们肯定无法揭示它，我们只能辨认它，并且可以说我们称为"良知"（Gewissen）的东西符合这一特征。承认这种机制使我们得以理解所谓的"注意妄想"（Beachtungswahn），或更确切地说是"监视妄想"（Beobachtungswahn），它在妄想狂类疾病的症状学中非常清晰地凸显了出来，也有可能作为一种单独的疾病出现，或是散见于一种转移神经症中。病人们抱怨人们[163]知道他们所有的想法，他们的行为被监视和监控了，他们由于下面这些声音而了解到了这种机制的支配，这些声音的特征是以第三人称对他说："他现在又在想那事儿；他现在走开了"。这种抱怨是有道理的，它描述了真相。监视着、感受着、批判着我们一切意图的这样一种力量确实存在，也就是说它存在于我们所有人的日常生活中。监视妄想以一种倒退的形式展现了它，由此揭示了它的起源以及病人为何要反抗它的原因。

自我理想——良知被指定为它的守护者——的形成，其动因源于以声音为媒介的父母的批评效应。随着时间的推移，在父母之后又加上了教育者、教师以及周围环境里的其他所有人(同胞,公众观点),而这个群体的数量难以估计。

有一大部分本质上是同性恋性质的力比多(homosexueller Libido)被吸引过来[用于]形成自恋性的自我理想,并且这些力比多在对这种自我理想的维系当中得到了疏导和满足。良知这个机构在根本上是一个化身,起初是来自父母的批判的化身,后来是来自社会的批判的化身;它是这样一种过程,它在压抑倾向的产生方面重复着一种最初是外来的禁令或阻碍。这类疾病让这些声音和[声音背后的]一群镇定自若的人呈现了出来,由此以倒退的方式重现了良知的发展史。对于审查机制(zensorische Instanz)的反抗,乃是由于符合这类疾病基本特征的人想要摆脱始于父母的所有这些影响,于是就将同性恋力比多从它们那里撤了回来。他的良知于是就以倒退的形式作为带有敌意的外部冲击与他迎面相撞。

[164]妄想狂的抱怨也显示,良知的自我批判在根本上与作为其基础的自我监视相一致。继承了良知功能的同一种精神活动,于是也服务于内心的探索,它为哲学的思维操作提供了材料。这与推动妄想狂形成思辨体系这

一突出特征或许也不无关系。①

倘若我们还可以在其他领域认出这种批判性的监视机制的活动——它被升格为良知以及哲学内省——那么这对于我们而言显然就具有重大意义。我将赫伯特·西尔贝雷（H. Silberer）描述为"功能现象"（funktionelle Phänomen）的东西拿来作为[我]关于梦的学说的一点小小补充，而这套梦的学说的价值是无可否认的。众所周知，西尔贝雷表示人们在睡与醒之间可以直接观察到思维转换成视觉图像[的过程]，不过在这种情况下，通常显示出来的不是思维内容，而是与睡眠作斗争的人所处的状态（活跃、疲劳等等）。他同样表示，很多梦的结束以及梦境内容的中断都不外乎意味着[当事人]对于睡与醒的自我知觉。他于是证明了梦的形成过程当中有一部分自我监视——这是在妄想狂的监视妄想的意义上。这个部分较为不固定，我很可能因此而忽略了它，因为它在我本人的梦中并未扮演任何重要角色。也许他在富有哲学天

_____

① 原注：我只是把下面这一点作为一种推测补充进来，即这种监视机制的形成与强化可能孕育着后来（主观）记忆的产生以及并不适用于无意识过程（unbewußte Vorgänge）的时间因素。

赋的、习惯内省的人那里会表现得非常明显。

[165]让我们回想一下：我们发现梦的形成处于一种审查(Zensur)的控制之下，这种审查迫使梦思(Traumgedanken)不得不扭曲变形。我们并未在"审查"这个表述之下预设任何特殊力量，却选择用它来描述起压抑作用的趋势——它对自我具有支配作用——对梦思感兴趣的那方面。如果我们进一步深入到自我的结构当中，那么在自我理想以及良知的动力性表达方面也会见识到对梦的审查。如果这种审查即便在睡眠期间也保持着少许警觉，那么我们就可以理解[人们]设想这种审查所进行的活动——即自我监视与自我批判——何以凭借诸如"他现在太困了以至于无法思考"、"他现在醒着"这些内容而对梦的内容做出贡献。①

从这点出发，我们可以试着探讨正常人与神经症患者的自信(Selbstgefühl)。

自信在我们看来首先是自我大小(Ichgröße)的体现，

---

① 原注：我在此无法判定这种审查机制与自我其余部分之间的区分是否可以在心理学上为一种意识(Bewusstsein)与一种自我意识(Selbstbewußtsein)的哲学划分奠定基础。

而自我大小的合成法则(Zusammengesetztheit)并没有进一步地得到考察。人们所占有和得到的一切,任何得到经验证实的原始全能感的剩余,都有助于增强自信。

既然我们引入了性冲动与自我冲动的区分,那么我们就必须承认自信对自恋力比多(narzißtischen Libido)存在一种特别密切的依赖关系。在这点上,我们以下面这两条基本事实为依据:自信在妄想痴呆那里增强,在转移神经症那里减弱;在爱情生活中,没有成为被爱者的人自信受损,成为被爱者的人自信提升。我们已经说明,自恋式对象选择的目的和满足就在于成为被爱者。

[166]更容易观察到的是,对于对象的力比多投注并没有提升自信。对于所爱对象的依赖性会起消极的作用:坠入爱河的人是谦卑的。[主动]去爱的人失去了他的一部分所谓的自恋,并且只有通过成为被爱的人才能对此进行补偿。在所有这些关系当中,自信似乎始终都与爱情生活中自恋性的那部分有关。

觉察到自己由于心理或身体方面的紊乱所导致的"爱无能"(Unvermögens zu lieben),这一点会对自信产生高度的负面影响。照我的判断,转移神经症患者非常愿意公开承认的自卑感（Minderwertigkeitsgefühle），它的来源之一就要在这里寻找。不过，这种感觉的主要来源是自我枯竭，这是由于自我被剥夺了非常大量的力比多投注所致，也就是说不再服从管控的性趋势（Sexual-strebungen）导致自我受到了伤害。

阿尔弗雷德·阿德勒认为对于自身器官的自卑感激励着[人们走向]一种有能力的心理生活，并且以过度补偿（Überkompensation）的方式实现了能力方面的提升，在这点上他是有道理的。不过，假如人们按照他的步骤，将一切优秀的技能都追溯到原始的器官自卑[感]这个前提上，那么就完全是在夸大其词。并非所有的画家都曾经蒙受过视觉方面的缺陷，并非所有的演说家最初都曾经是口吃的人。也有很多卓越的技能是以器官方面的优秀资质为基础的。对于神经症的病原学而言，器官方面的自卑和发育障碍只起到了一种很小的作用，正如当前的知觉材料之于梦的形成一样。和其他一切可用的元素一样，神经症[只是]将此作为借口。人们愿意让一位女性神经症患者相信：[167]她注定会患上[这种]疾病，因为她并不美丽、丑陋畸形、缺乏魅力，所以不会有人爱她。

下一位神经症患者可能会教给人们更多东西：她持续处在神经症以及对性欲的拒斥当中，尽管她显得比一般的女性更值得欲望也[确实]更多地被欲望。大多数患有癔症的女性都属于有吸引力的女性，甚至是女性当中美貌的代表；另一方面，在我们社会地位较低的女性那里，丑陋、器官发育障碍以及身体缺陷的叠加效应也没有增加她们患上神经症的平均概率。

自信与爱欲（力比多性质的对象投注）之间的关系能够通过下面这种方式得到形式化的表述：人们要区分两种情况，爱的投注是符合自我的（ichgerecht），还是相反经历了一种压抑。在第一种情况下（力比多符合自我的运用），爱与自我的其他任何活动一样受到了评估。就其自身而言，爱作为渴望和缺乏有损于自信；成为被爱的、得到爱的回报、占有被爱的对象则重新建立起了自信。当力比多被压抑时，爱的投注会被感受为自我的极大萎缩，[此时]不可能有爱的满足，自我只有从对象那里撤回力比多才有可能再次充盈。对象力比多回流到自我，它转化为自恋，这似乎展示了一种幸福的爱；而另一方面，一种真正幸福的爱则对应于对象力比多与自我力比多尚未彼此区分的原始状态。

[研究]对象的重要性和不明晰性,现在可以允许我用其他一些排列较为松散的话来进行补充说明。

自我的发展在于远离原初的自恋,并且产生出[168]想要再度赢回这种自恋的强烈趋势。实现这种远离,凭借的是将力比多转移到外部所强加的一个自我理想之上,通过实现这种理想来获得满足。

与此同时,自我释放出力比多性质的对象投注。它为了这种投注也为了自我理想的投注而变得贫瘠,通过对象的满足以及理想的实现而再度充盈。

自信有一部分是原初的,是童年自恋的剩余,另一部分来自得到经验证实的全能感(实现自我理想),第三部分则来自对象力比多的满足。

通过其审查而拒绝在对象上满足一部分无法兼容的力比多,自我理想收紧了在对象上获得力比多满足的条件。在这样一种理想没有发展出来的地方,相关的性趋势就作为性倒错出现在了人格当中。在性趋势方面再度成为他自己的理想,就像在儿时那样,这就是人们想要获得的幸福。

迷恋[的本质]就在于自我力比多感染了对象。它有能力取消压抑并重建性倒错。它将性对象提升为性理想（Sexualideal）。由于它在对象类型或依恋类型方面以满足幼儿式的爱的条件为基础，因此人们可以说：什么满足了这种爱的条件，什么就会被理想化。

性理想与自我理想可以处在一种有趣的促进关系当中。在自恋的满足遇到现实阻碍的地方，性理想可被用作替代满足。按照自恋式对象选择的类型，人们爱的是自己曾经所是的和已经失去的[样子]，或者是拥有人们压根就从未拥有过的那些优点的[人]（请参照上述 c 情形）。与上一段[最后那句话]类似的表达式是：什么[169]拥有自我要成为理想所缺乏的优点，什么就会被爱。神经症患者因其自我当中泛滥着对象投注而枯竭，并且无法实现其自我理想，[因此]这种权宜之计对他而言意义非凡。通过按照自恋的类型选择一个性理想，于是他就试图从他在对象身上挥霍的力比多那里寻找返回自恋的道路。这就是通过爱来治疗，它通常优先于[精神]分析治疗。的确，他不相信其他治疗的机制，在大多数情况下会把同样的期待带到治疗当中，并且将其对准治疗他的医生本人。病人因其膨胀的压抑而产生的"爱无能"(Liebesunfähigkeit)当然会妨碍这种治疗计划。如果人们通过治疗帮助病人达到了一定的程度,人们往往就会经历下面这种并非[自己]有意安排的结局:病人现在为了进行一次爱的选择退出了进一步的治疗,而将进一步的建设留给了与所爱的人共同生活。人们可以满足于这样的结局,只要这不会带来对这位"救难者"(Nothelfer)产生任何具有压迫性的依赖的危险。

从自我理想出发,有一条重要途径通往对于群体心理学的理解。这种理想除了其个体性的部分之外,还有一个社会性的部分,它也是一个家族、一个阶层、一个民族的理想。除了自恋力比多之外,它还绑定了一个人的很大一部分同性恋力比多,后者通过这种方式返回到了自我当中。未能满足这种理想所产生的不满,使得同性恋力比多变得自由,它转化成了罪恶感(Schuldbewußtsein)(社会性焦虑[soziale Angst])。罪恶感起初是对于来自父母的惩罚的焦虑,更确切地说,是对于失去他们的爱的焦虑。一群数量不确定的[170]同伴后来取代了父母。引发妄想狂的原因通常是[当事人的]自我患了病,是在自我理想的领域未能获得满足,这点于是就变得更容易理解。同样变得更容易理解的,还有在自我理想中形成理想与升华的同时发生,在妄想痴呆症那里升华的退化以及可能对理想进行的改造。

索 引

爱欲 Erotik 29, 32, 41, 76, 86, 113

　—肛门爱欲 Analerotik 24,67

　—爱欲引发区 erogene Zone(n) 90

　—爱欲引发性 Erogeneität 90, 91

超我 das Über-Ich XIX

冲动 Trieb(e)/Impuls(e) 23,32, 40,41,42,43,44,67,80,82,83, 84,87,102,104,105,106

　—性冲动 Sexualtrieb(e) 29, 42,43,44,81,82,83,84,95,111

　—自保冲动 Selbsterhaltungstrieb(e) 29,75

　—自我冲动 Ichtrieb(e) 29,44, 80,81,82,83,84,95,102,111

倒退 Regression 91,94,107,108

区位论 Topik XIX

　—第一区位论 erste Topik XIX

　—第二区位论 zweite Topik XIX

对象爱 Objektliebe 96, 97, 98, 99,101

对象选择 Objektwahl 10,12,16, 29,30,30,32,42,43,66,67,95, 96,97,98,99,100,111,115

　—自恋型(对象选择) narzißtischer Typus 96,99

　—依恋型(对象选择) Anlehnungstypus 95,96,100

二次加工 sekundäre Bearbeitung 21

反作用形成/形成反作用 Reaktionsbildung 40

(感官)肉欲 Sinnlichkeit 30,31, 32,33,34,38

　—(感官)肉欲的 sinnliche 28, 36

固着 Fixierung 16,21,29,31,34,

37,64

—乱伦固着 inzestuöse Fix-
ierung 28

过度拔高 Überschätzung 7, 17,
30,33,38,78,96,97,100,105

过度补偿 Überkompensation 112

合理化 Rationalisierung 21

幻想 Phantasie 3, 4, 5, 6, 7, 10,
20,21,22,23,24,31,33,34,38,
72,76,77,79,86,87,94

记忆 Erinnerung(en) 76,108

—记忆屏 Deckerinnerung(en)
21

—记忆痕迹 Erinnerungsspur
(en) 19

焦虑 Angst 23,26,27,54,57,70,
91,94,116,118

—社会性焦虑 soziale Angst 116

—阴茎焦虑 Penisangst 102

禁忌 Tabu/Verbot 38,39,46,49,
53,54,55,56,57,58,59,60,62,
63,68,69,70,72,78,118

精神分裂 Schizophrenie 76, 77,
78,84

精神分析师 Psychoanalytiker 80

恐惧症 Phobie 59,94

快乐原则 Lustprinzip 11

理想 Ideal 99,104,105,106,114,
115,116,117

—性理想 Sexualideal 115

—自我理想 Ichideal 105,106,
107,108,110,114,115,116,117

—理想化 Idealisierung 20,
105,115

—理想形成/形成理想 Idealbil-
dung 104,105,106,117

—理想自我 Idealich 104

力比多 Libido 16,26,28,30,31,
40,41,63,64,66,75,76,77,78,
79,80,81,82,83,84,85,86,87,
88,89,91,92,93,94,95,96,97,
98,100,102,104,105,106,108,
111,112,113,114,115,116

—对象力比多 Objektlibido 77,
79,79,80,81,91,95,105,113,
114

—同性恋(性质的)力比多 ho-
mosexuelle Libido 108,116

—自恋力比多 narzißtische Libi-
do 111,116

—自我力比多 Ichlibido 79,
80,81,91,95,103,105,113,115

良知 Gewissen 107,108,109,110

量 Quantität 92

乱伦 Inzest 30,31,32,33,34,37,
38,42

矛盾心理 Ambivalenz(en) 58

梦 Traum(-̈e) 7,21,23,24,67,
71,88,109,110,112

——梦思 Traumgedanke(n) 110

——白日梦 Tagtraum(-̈e) 4

——做白日梦 Tagträumen 3

迷恋 Verliebtheit 12,15,30,38,
48,79,97,115

男性抗议 männlicher Protest 66,
102,103

内倾 Introversion 31,76,86,91,
93,94

前意识 das Vorbewußte XIX

情丛 Konstellation(en)

——母性情丛 mütterliche Kon-
stellation 17

——心理情丛 psychologische Ko-
nstellation(en) 97

情结 Komplex(e) 18,28,87

——情结敏感性 Komplexempfind-
lichkeit 33

——俄狄浦斯情结 Ödipuskomplex
20

——厄勒克特拉情结 Elektra-
komplex XV

——母亲情结 Mutterkomplex 18,
21

——双亲情结 Elternkomplex 21,
24,71

——阉割情结 Kastrationskomplex
58,66,67,102,103

(躯体性)转换 Konversion 94

认同 Identifizierung/(sich) iden-
tifizieren(mit) 23

神经衰弱 Neurasthenie 89,91

神经(官能)症 Neurose 2,3,5,
18,27,28,31,45,54,64,66,79,
81,87,89,94,97,102,103,106,
112,113

——神经症患者 Neurotiker 1,
3,11,20,29,54,59,75,76,106,
110,111,112,113,115

——焦虑性神经症 Angstneu-
rose 89,90,91

——焦虑性神经症患者 Angst-
neurotiker 54

——强迫性神经症 Zwangsneu-
rose 61,91,94

—强迫性神经症患者 Zwangs-neurotiker 76

—现实神经症 Aktualneurose 89,91

—转移神经症 Übertragungs-neurose 81,82,87,91,93,94, 95,107,111

神经质 Nervosität Ⅶ

审查 Zensur 110,114

　　—审查机制 zensorische Instanz 108,110

升华 Sublimierung 44,86,105, 106,117

双性性欲 Bisexualität 4

它 das Es ⅪⅩ

投射 Projektion/projizieren 59, 105

投注 Besetzung(en) 29,30,78, 79,80,86,88,91,92,95,111, 112,113,114

　　—爱欲投注 erotische Besetzung (en) 31

　　—对象投注 Objektbesetzung (en) 77,79,82,103,113,114, 115

妄想 Wahn 76,77,78,93,94, 103,107,109

　　—自大妄想 Größenwahn 76, 77,78,93,94,103

　　—监视妄想 Beobachtungswahn 107,109

妄想痴呆 Paraphrenie 87,91,93, 94,111,117

　　—妄想痴呆患者 Paraphreni-ker 76

妄想狂(疾病)Paranoia ⅩⅧ,87, 94,107,108,109,116

　　—妄想狂(患者)Paranoiker,79

温情 Zärtlichkeit 6,16,29,30, 32,33,34,37,39,60,63,73,100

　　—温情的 zärtliche 22,23,24, 28,29,32,36,61

无意识 das Unbewußte 10,17, 18,21,22,23,31,72

　　—无意识的 unbewußt 31

卸载 Abfuhr 93

心理性无能 psychische Impot-enz 26,27,28,32,33,34,35, 36,37,38,39,48

(心理)性冷淡 (psychische)Frig-idität 35,36,38,60,61,62,64, 66,68,69

心理装置 seelischer Apparat 93, 95

性倒错 Perversion 75,114,115

—性倒错者 Pervers 96

性格 Charakter 48,67,102,103

性依附 geschlechtliche Hörigkeit 47,48

兴趣 Interesse(n) 6, 14, 29, 76, 86,88,89

—精神兴趣 psychisches(－e) Interesse(n) 85

—自恋兴趣 narzißtisches(－e) Interesse(n) 102

—自我兴趣 egoistisches(－e) Interesse(n)/ Ichinteresse(n) 21,88,103

压抑 Verdrängung(en) 42,103, 104,106,108,110,113,115,116

—被压抑者的返回 Rückkehr des Verdrängten 33

移置 Verschiebung/verschieben 22

疑病症 Hypochondrie 87,89,91, 94

—疑病症患者 der Hypochondrische 89

意象 Imago 30

意识 Bewusstsein 18,21,27,73, 110

—自我意识 Selbstbewußtsein 110

癔症 Hysterie 4, 77, 82, 90, 91, 94,113,118

—癔症患者 Hysteriker 76

阴茎嫉妒 Penisneid 66,68,102

幼儿性欲 infantile Sexualität Vi

愿望 Wunsch(ー e) 2, 4, 14, 19, 20,22,23,24,42,64,66,67,78, 88,101,101,104

—性愿望 Sexualwunsch(ー e) 64,65

早发性痴呆 Dementia praecox 76,77,86,87,94

转移 Übertragung 97

自恋 Narzißmus 57, 62, 67, 74, 75,77,78,79,80,87,88,92,95, 96, 97, 98, 99, 100, 101, 102, 103, 104, 105, 106, 108, 111, 113,114,115

—原初自恋 primärer Narzißmus 96,100

—继发自恋 sekundärer Narzißmus XVii, XViii

自我 das Ich/das Ego 20,77,78,

79,80,81,86,88,89,91,92,93,
94,95,97,101,104,105,106,
110,112,113,114,115,116

—自我心理学 Ichpsychologie 87

—自我中心主义 Egoismus 48,
75,88,92

—实际的自我 wirkliches Ich 104

自淫 Autoerotismus 80,95

阻抗 Widerstand(e)

—性阻抗 Sexualwiderstand(e)
48

罪恶感 Schuldbewußtsein 116

阿德勒(阿尔弗雷德) Adler(Al-
fred) 66,102,103,112

阿特米多鲁斯 Artemidorus 23

埃利斯(哈夫洛克) Ellis(Have-
lock) 49

安曾克鲁勃(路德维希) Anzen-
gruber(Ludwig) 69

巴尔特斯(马克西米利安) Bartels
(Maximilian) 49,51,52,65

波拿巴(拿破仑) Bonaparte
(Napoléon) 43

布洛伊勒(尤金) Bleuler(Eugen)
76

布施(威廉) Busch(Wilhelm) 88

杜劳尔(雅克-安托万) Dulaure
(Jacques-Antoine) 65

费伦奇(桑多尔) Ferenczi(Sándor)
28,68,78,85,88

费特曼 Featherman 51

弗雷泽(詹姆斯·乔治) Frazer
(James George) 49

弗洛克(古斯塔夫) Floerke
(Gustav) 42

海涅(海因里希) Heine(Heinrich)
92

赫贝尔(克里斯蒂安·弗里德里
希) Hebbel(Christian Friedrich)
70,71

吉伦(弗朗西斯·詹姆斯) Gillen
(Francis James) 50

克拉夫特-埃宾(理查·冯)
Krafft-Ebing(Richard von) 47,
48

克劳利(欧内斯特) Crawley(Er-
nest) 49,50,55,57

克雷丕林(埃米尔) Kraepelin
(Emil) 76

兰克(奥托) Rank(Otto) 20,24,
75

奈克(保罗) Näcke(Paul) 74

普罗斯(赫尔曼·海因里希) Ploß (Hermann Heinrich) 51,52,65

瑞士学派 Schweizer Schule 86

荣格(卡尔·古斯塔夫) Jung(Carl Gustav) 65,76,84,85,86,87

萨德格尔(伊西多) Sadger(Isidor) 72,75

圣奥古斯丁(der heilige Augustinus) 65

施尼兹勒(亚瑟) Schnitzler(Arthur) 70

施瑞伯(丹尼埃尔·保罗) Schreber (Daniel Paul) 77,84,85,86

施坦纳(马克西姆) Steiner(Maxim) 27

史密斯(布拉夫) Smith(Brough) 50

斯宾塞(鲍德温) Spencer(Baldwin) 50

斯特凯尔(威廉) Stekel(Wilhelm) 27,28

斯托佛(阿道夫·约瑟夫) Storfer (Adolf Josef) 65

汤普森 Thomson(J.) 51

西尔贝雷(赫伯特) Silberer(Herbert) 109

亚伯拉罕(卡尔) Abraham(Karl) 77

图书在版编目(CIP)数据

弗洛伊德爱情心理学文选/(奥)西格蒙特·弗洛伊德著;卢毅译.
--上海:华东师范大学出版社,2017

ISBN 978 - 7 - 5675 - 6805 - 1

Ⅰ.①弗… Ⅱ.①西… ②卢… Ⅲ.①弗洛伊德(Freud,Sigmmund 1856—1939)—恋爱心理学—文集 Ⅳ.①C913.1 - 53

中国版本图书馆 CIP 数据核字(2017)第 196011 号

华东师范大学出版社六点分社

企划人 倪为国

弗洛伊德著作集

弗洛伊德爱情心理学文选

著　　者　[奥]西格蒙德·弗洛伊德
译　　者　卢　毅
责任编辑　陈哲泓
封面设计　梁依宁

出版发行　**华东师范大学出版社**
社　　址　上海市中山北路 3663 号　邮编　200062
网　　址　www.ecnupress.com.cn
电　　话　021 - 60821666　行政传真　021 - 62572105
客服电话　021 - 62865537
门市(邮购)电话　021 - 62869887
地　　址　上海市中山北路 3663 号华东师范大学校内先锋路口
网　　店　http://hdsdcbs.tmall.com

印　刷　者　上海中华商务联合印刷有限公司
开　　本　787×1092　1/32
插　　页　2
印　　张　4.75
字　　数　69 千字
版　　次　2017 年 11 月第 1 版
印　　次　2017 年 11 月第 1 次
书　　号　ISBN 978 - 7 - 5675 - 6805 - 1/B · 1090
定　　价　45.00 元

出　版　人　王　焰

弗洛伊德著作集

1. 癔症研究

2. 心理学规划

3. 释梦(上)

4. 释梦(下)

5. 论日常生活中的心理病理学

6. 关于性欲理论的三篇论文

7. 诙谐及其与无意识的关系

8. 延森《格拉迪瓦》中的幻想与梦

9. 列奥纳多·达·芬奇的童年回忆

10. 图腾与禁忌

11. 精神分析引论(上)

12. 精神分析引论(下)

13. 群体心理学以及对自我的分析

14. 抑制、症状与焦虑

15. 外行分析的问题

16. 一种虚幻的未来/文明中的不适

17. 精神分析续论

18. 摩西其人与一神教

19. 精神分析运动发展史/弗洛伊德自传

20. 弗洛伊德精神分析概论汇编

21. 弗洛伊德早期心理病理学文选

22. 弗洛伊德中期心理病理学文选

23. 弗洛伊德晚期心理病理学文选

24. 弗洛伊德早期治疗技术文选

25. 弗洛伊德中期治疗技术文选

26. 弗洛伊德晚期治疗技术文选

27. 弗洛伊德中期元心理学文选

28. 弗洛伊德晚期元心理学文选

29. 弗洛伊德中期性心理学文选

30. 弗洛伊德晚期性心理学文选

31. 弗洛伊德爱情心理学文选

32. 弗洛伊德论梦文选

33. 弗洛伊德论文学与艺术文选

34. 弗洛伊德论社会与文化文选

35. 弗洛伊德临床个案选(上)

36. 弗洛伊德临床个案选(中)

37. 弗洛伊德临床个案选(下)